DX를 뛰어넘는 AX의 시대가 도래했다

직무 종말의 시대,
AI가 HR의 솔루션이다

DX를 뛰어넘는 AX의 시대가 도래했다

직무 종말의 시대, AI가 HR의 솔루션이다

초판 1쇄 인쇄 2024년 11월 15일
초판 1쇄 발행 2024년 11월 30일

지은이 최학철

발행인 백유미 조영석
발행처 (주)라온아시아
주소 서울특별시 서초구 방배로 180 스파크플러스 3F

등록 2016년 7월 5일 제 2016-000141호
전화 070-7600-8230   **팩스** 070-4754-2473

값 19,000원
ISBN 979-11-6958-132-5 (13320)

라온북은 독자 여러분의 소중한 원고를 기다리고 있습니다. (raonbook@raonasia.co.kr)

—— DX를 뛰어넘는 AX의 시대가 도래했다 ——

직무 종말의 시대,

AI가
HR의
솔루션이다

최학철 지음

AI시대의
채용, 면접
노하우!

빨라진 HR의 시계, AI로 주도권을 잡는 기업만이
경영의 미래를 설계할 수 있다!

업무의 3W(Work, Workforce, Workplace)가 변화하는
리모트워크, 재택근무의 시대, 새로운 HR의 화두는 AI다!

RAON
BOOK

RAON
BOOK

AI 혁명, 인사 관리 분야도 예외가 아니다

조직에서 인사 관리는 너무나도 중요하다. 하지만 조직에서 인사 관리에 많은 시간과 노력과 금전적 투자를 했음에도 불구하고, 실패하는 경우를 종종 찾아볼 수 있다. 더구나 이제 인사 관리 분야에도 AI 혁명의 물결이 밀려든다고 하니 걱정이 이만저만이 아니다.

우리에게 다가오고 있고 어느 한편에서는 이미 다가온 AI의 기술 혁신이 인사 관리 업무에 미치는 영향에 대해서 준비하고자 하는 인사 관리 담당자에게 이 책이 도움이 되고자 한다. 또한 인사 업무에 관련이 없더라도 AI가 앞으로 인사 관리 및 조직에 미치는 영향에 대해서 관심을 지니고 있거나, 현재 조직의 업무에 AI 혁신으로 인한 변화를 추구하는 임직원이나 회사 대표에게도 인사이트를 제시해 줄 것이다.

이제는 인사 관리 업무에 직접적이든 간접적이든 AI 혁신으로 발생되는 변화를 마냥 지켜만 볼 수는 없다. AI로 인한 인사 관리 시스템의 변화에 대한 소식을 단지 미디어를 통해 듣고만 있을 수 없다. 보다 적극적으로 알아보고 준비해야 된다.

그렇다고 지금까지 AI와 관련된 인사 관리 프로그램을 무조건으로 도입해서는 안 된다. 인사 관리와 관련된 AI 프로그램이 나왔지만 며칠만에 AI 기술의 발달로 그보다 더 좋은 프로그램이 나오고 있는 것이 현실이다. 이처럼 혼란스러울 정도로 많은 AI 기술들이 선보이는 가운데 우리는 아무거라도 실행해야 될 것 같은 조바심을 느낄 수 있다. 이로 인해 담당자는 인사 관리 제도의 변화가 조직 전체에 미치는 영향을 고려하지 않고 AI 와 관련된 프로그램 도입을 무작정 진행하기 쉽다. 그렇게 되면 조직에 새로운 변화를 적용하기 위해 구성된 TF팀은 어떤 어려움이 닥치거나 누군가 TF팀을 흔들 때 쉽게 포기하거나, 심지어 전혀 다른 방향으로 나아갈 수도 있다.

또한 막대한 비용을 투자한 조직은 다급해지고, 보여주기식 성과를 내기 위해서 해당 관련자들에게 무리한 독촉을 할 수 있다. 그 결과 변화를 추진하는 TF팀뿐만 아니라 변화를 받아들이는 조직 구성원들의 저항감은 더욱 커질 수 있다. 우리는 이러한 악순환의 고리를 경계해야 한다.

물론 초기의 투자가 무조건 도움이 안 되는 것은 아니다. 하지만 대부분 조직은 제한된 자원을 가지고 AI 기술을 인사 관리 제도에 도입하기 때문에 좀 더 효율적으로 대응할 필요가 있다.

이 책을 통해서 현재 상황을 파악하고 AI로 인한 변화가 근본적으로 필요한지를 알며, 변화를 시도하기 바란다. 아울러 앞으로 다가오는 변화를 신중하고 효율적이며 신속하게 대응하기를 바란다.

변화의 핵심을 꿰뚫지 못하고, 단지 새로운 제도라는 갑옷만 입고 전장에 나가서 싸우면 백전백패이다. 인사 제도의 변화는 개인뿐만 아니라 조직 전체에도 큰 영향을 미친다. 조직은 유기체로서 하나의 작은 단위가 전체의 조직으로 연결되어 있다. 인사제도의 변화는 더욱 그러하다. 예를 들어, 생산 현장에서 고가의 기계나 소프트웨어의 도입으로 인한 변화와 AI 기술을 통한 새로운 인사제도 프로그램 도입은 조직 전체에 미치는 영향을 고려해 볼 때 그 변화는 크기와 영향이 매우 다르다고 할 수 있다.

물론 이 책으로 통해 앞으로 변화에 대해 모든 면에서 정확하게 예측하고 대응할 수 있다고 말할 수는 없다. 하지만 최소한 조직의 인사 관리 수준을 AI 시대에 맞추어 갈 수 있는 방향과 인사이트를 제시해 줄 수 있기를 바란다.

AI의 기술적인 변화를 습득하는 것도 중요하다. 하지만 지금은 변화에 대한 자세가 더 중요하다고 볼 수 있다. 이 책이 작금의 현실을 직시하고, 변화의 움직임을 예의 주시할 수 있도록 독자의 태도 변화를 가져오는 데 활용이 되었으면 한다.

아무리 좋은 변화도 조직에 맞지 않으면 오히려 악영향을 끼친다. 변화를 실행하기 전에는 변화를 가져오는 대상을 잘 파악하고, 그 변화가 개인과 조직에 미치는 영향을 살펴봐야 할 것이다. 그리고 변화의 부작용을 최소화하여야 한다. 그 변화의 첫걸음은 바로 조직 구성원들의 AI 기술에 대한 변화의 태도에 있다.

수년 전에도 기업에 혁명이라고 불리던 ERP(Enterprise Resource Planning) 프로그램이 있었다. 그 당시에 ERP가 정확히 무엇인지도 모르면서 당장에 도입하지 않으면 안 될 것 같은 분위기에 무작정 도입했다가 낭패를 본 수많은 기업들을 반면교사로 삼아야 할 것이다. 조직에서 엄청난 노력과 시간과 비용을 투자하여 변화를 시도하였지만, 오히려 조직의 변화에 부정적인 영향을 미치는 사례가 있음을 다시 한번 명심해야 한다.

이 책의 〈1장〉은 왜 인사 관리 담당자가 AI의 기본적인 내용과 '왜 다가오는 AI를 준비해야 되는가?'에 대해서 이야기하였다. AI가 인사 관리에 미치는 전반적이면서 주된 내용을 다루었고, 이는 비단 인사 관리 영역뿐만 아니라 다른 영역에도 해당한다고 볼 수 있다. 〈2장〉부터 〈5장〉까지는 인사 관리에서 구체적으로 무엇에 AI의 영향이 미치는지 살펴봤다. 즉 〈2장〉에서는 채용의 분야를, 〈3

장〉에서는 교육 분야를, 〈4장〉에서는 성과와 보상의 분야를, 그리고 〈5장〉에서는 조직문화에 미치는 영향에 대해서 알아보았다. 끝으로 〈6장〉에서는 인사 관리 담당자가 AI의 변화를 맞이하는 태도와 대안에 대해서 제시해 보았다. 인사 조직의 저명한 학자인 로버트 E. 퀸은 변화의 시작과 끝은 자기 자신의 변화라고 했듯이 자기 자신의 변화를 시간, 건강, 마음, 독서의 네 가지 영역으로 구분하여 설명하였다.

최 학 철

Contents

Chapter.1
AI 트랜스포메이션, 더이상 미룰 수 없는 현실이다!

Chapter.2

AI, 채용에 어떤 영향을 미치게 될까?

Chapter.3

AI가 인재 교육에 미치는 변화

Chapter.4

AI기반의 성과와 보상이 불러오는 변화

Chapter.5

AI로 달라지는 조직 문화

Chapter.6

AI 변화의 파도, 어떻게 서핑하나?

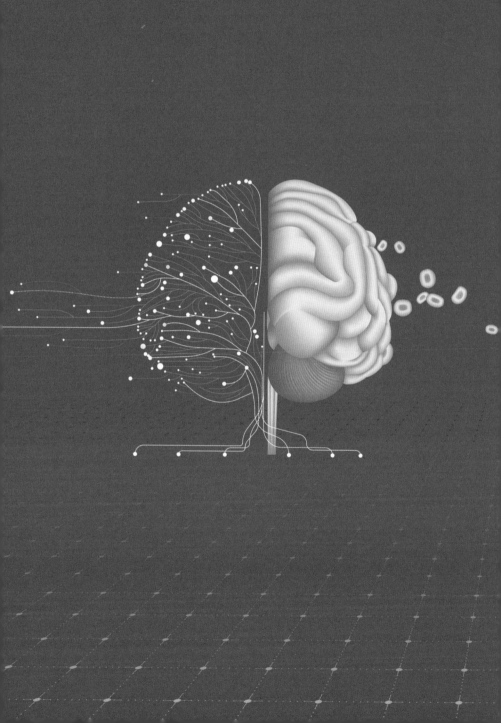

AI 트랜스포메이션,
더이상 미룰 수 없는
현실이다!

보물섬의 새 이름
'빅데이터'

    인터넷이 세상에 들어오기 수년 전부터 세상은 떠들썩했다. 인터넷이 세계를 하나로 모을 것이고, 기업 간 거래 비용은 줄어들며, 개인 간의 관계도 인터넷을 통해 이뤄진다고 했다. 매스컴에서는 연일 화제가 되고 있었다. 이러한 변화를 감지하고 준비했던 인터넷 1세대들이 지금의 국내 네이버, 다음, 카카오 같은 기업이 되었고, 해외에서는 구글과 같은 기업이 되었다.

    이제 다시 한번 또 다른 큰 변화의 물결이 밀려든다. 그것은 바로 AI이다. 가끔 누군가는 '아, 그때 인터넷 활용이 시작되는 당시로 다시 돌아간다면 무엇을 준비했어야 되는데….' 하고 땅을 치며 후회하고 있지 않은가? 이제 후회하지 말고 그때를 준비하자. 지금은 인터넷이 처음 도입되었던 시대보다 더 큰 변화이고 기회가 더 많이 널려 있다고 한다. 개인의 운명은 시대의 운명을 벗어날 수 없다는 말처럼, 시대의 흐름을 파악하자. 시대의 흐름을 파악하고 그 흐름을 신나게 타고 가자. 이 변화의 파도가 누구에게는 즐길 수 있는 서핑의 파도타기가 되고, 누구에게는 무서운 쓰나미가 될 수 있다.

AI가 가져오는 가장 큰 변화 중에 하나는 데이터의 양적이고 질적인 변화이다. 기존에는 한 시점에서의 데이터만으로 과정과 원인을 분석하였다. 하지만, AI의 발달은 개인과 조직의 모든 과정에 걸쳐서 데이터가 축적될 수 있다. 모든 과정에서 각 부분의 과정을 구분할 수 있기 때문에 상호 유기적으로 발생하는 데이터가 분석되고, 그 분석을 바탕으로 문제에 대한 원인과 결과를 보다 정확하고, 파악될 수 있고, 예측도 가능하며, 대비도 시의적절하게 준비할 수 있다.

◈ 데이터의 양적인 변화

마이크로소프트는 새로워진 검색엔진 빙(Bing)과 엣지(Edge) 브라우저를 작년 2023년 2월 8일에 공개했다. Bing 검색 엔진에 GPT엔진을 추가하였다. 그리고 이 프로젝트를 프로메테우스라고 불렀다. 프로메테우스는 고대 그리스 신화에서 인간에게 처음으로 불(fire)을 전해주었다. 그 이유로 프로메테우스는 그리스 신화의 최고의 신 제우스에게 벌을 받았다.

《HR Insight》에서 이중학 교수는 AI의 등장을 인류에게 불의 등장과 같다고 하였다. 불을 받은 인간에게는 엄청난 변화가 왔다. 불은 또한 인류의 소통과 문화 발전에도 영향을 미쳤다. 인간은 불을 사용하여 조명을 만들고 활동 범위를 넓혔다. 물리적으로 낮뿐만 아니라 저녁에도 활동할 수 있게 되었고, 문화적인 측면에서도 다방면으로 영향을 미쳤다.

불의 사용으로 식생활도 발달되었다. 그리고 불로 인해 다양한 음식을 더 안전하게 먹을 수 있게 되어 육체의 성장도 가져오게 되었다. 또한 불은 철과 구리를 녹여 도구와 무기를 만들어 농업이나 건설, 교통 등 다양한 분야에 문명의 발전을 가져왔다. 이처럼 불은 단순히 어둠을 밝혀주는 것이 아니라 인류를 모든 활동 분야에 발전을 가져오게 되었다.

마이크로소프트사가 이 프로젝트를 프로메테우스라고 명명한 이유를 우리는 예측할 수 있다. AI는 이 시대의 인류의 새로운 불로 여겨지고 있다. 4차 산업 혁명이라는 표현이 부족할 정도이다. 아침에 뉴스나 기사 그리고 매일 쏟아져 나오는 보고서나 연구 자료를 볼 수 있다. 또한 시시각각으로 AI와 연계되어 나오는 제품이나 서비스의 기능과 역할을 보면 우리는 놀라움과 동시에 두려움을 가질 수밖에 없게 되었다.

AI는 개인의 모든 기록을 단순히 일시적인 시점에서 기록하는 것이 아니다. 마음만 먹으면 이제 개인이나 조직의 모든 행태를 기록할 수 있다. 모든 데이터가 촘촘히 기록되는 것이다. 이는 양적으로 기존과 비교할 수 없을 만큼 증가한 데이터량이다. 이제는 '많아진 데이터를 어떻게 다루고 활용할 것인가?'가 관건이다. 그냥 놔두면 오히려 방대해진 데이터는 거대한 쓰레기일 뿐이다. 조직은 보다 적극적으로 데이터 활용 방안을 계획하고 실행해야 될 것이다.

✿ 데이터의 질적인 변화

데이터 양의 증가는 단순히 양의 증가로 끝나지 않는다. 개인이나 조직의 움직임에 따라 기록된 엄청난 양의 기록은 단순히 저장만 하고 끝나는 것은 아니다. AI의 발달은 이런 대량의 데이터를 누구나, 그것도 쉬운 방법으로 가공 및 변환하여 질적인 정보를 도출할 수 있다. 설령 예전에는 대량의 양적인 데이터를 가지고 있어도 데이터를 분석할 엄두가 나지 않았다. 특정 기술자에게 의뢰를 하거나, 아니면 의뢰 비용이 만만치 않아 포기하였다. 하지만 이제는 AI 통해서 누구나 쉽게 시간과 노력을 많이 들이지 않고 데이터를 분석하여 높은 질적인 정보를 가져올 수 있게 되었다.

넷플릭스는 AI와 머신러닝을 이용하여 고객의 시청 습관과 선호도를 분석하였다. 이러한 정보를 통해 개인화된 추천 시스템을 셋업하고, 고객에게 맞춤형 콘텐츠를 제공할 수 있었다. 이는 사용자 경험(User Experience, UX)의 제고로 이어졌다. 여기서 '사용자 경험'이란 사용자가 제품이나 서비스를 사용할 때 느끼는 전반적인 경험과 감정을 의미한다. 이는 사용자가 제품을 사용하면서 겪는 모든 상호작용과 감정적 반응을 포함하며, 이것은 사용자의 만족도를 측정하는 매우 중요한 요인이다.

이러한 대량의 데이터를 분석하고 고객에 적용하여 넷플릭스는 고객의 이탈률을 줄이고, 전 세계적으로 구독자 수를 지속적으로 증가시킬 수 있었다.

HR부서는 AI의 발달로 이제 인사 관리에 중요한 양적인 정보를 누구나 버튼 몇 번의 클릭으로 얻을 수 있다. 하지만 정보를 쉽게 구할 수 있어도, 그 정보를 가려서 해석하고 받아들일 수 있는 능력을 쌓아야 한다. 예를 들어, 단순하게 지원자에 대한 데이터를 분석하고 저장하는 것이 아니라, 여기서 어떠한 사람이 입사를 하고, 입사하고 나서도 어떠한 사람이 성과가 내는지 등 전체적인 인과관계에 대한 정보를 분석해야 한다. 그리고 이러한 정보 분석을 수년간 지속적으로 축적할 때 나중에 조직에 적합한 인사 관리 정보를 제공할 수 있고, 경영자가 올바른 의사 결정을 할 수 있도록 도움을 줄 수 있다.

시스템에서 정보만 받으면 우리는 잘못된 정보가 나와도 판단하지 못하고 그냥 사용한다. 시스템에 과정에 대한 명확한 이해를 하고 나서야 시스템을 통해 나온 정보를 올바르게 활용하고 수정할 수 있다. 최소한 인사 관리 담당자는 이러한 AI 프로세스를 이해하고, AI로 인한 인사 관리의 지식과 정보를 다른 임직원들도 업무에 적용할 수 있는 교육 시스템을 체계화해야 한다.

AI가 앞당긴
개인별 맞춤형 서비스의 시대

AI 기술의 급속한 발전은 우리 생활 방식과 습관을 근본적으로 변화시키고 있다. 특히, AI를 통한 개인별 맞춤 서비스의 강화는 소비자 경험(Consumer Experience, CX)을 한 차원 높은 수준으로 올려주었다. 여기서 소비자 경험이란 소비자가 제품이나 서비스를 구매하고 사용하는 과정에서 느끼는 모든 경험과 감정을 말한다. 이는 소비자가 브랜드와의 상호작용을 통해 얻는 전반적인 인상과 만족도를 포함한다.

과거에는 상상할 수 없었던 방식으로, AI는 대규모 데이터를 분석하여 각 개인의 선호와 행동 패턴을 이해하고, 이를 바탕으로 개인 맞춤형 서비스를 제공할 수 있다. 이러한 변화는 모든 분야에서 다양하게 나타나고 있다. 소비자 또한 더욱 개인화된 상품과 서비스를 요구하고 있다. AI 기술의 발전은 개인의 취향과 필요를 정확히 파악할 수 있고, 더욱 다양하고 개성 있는 상품과 서비스를 개인에게 제공할 수 있다.

기존에는 새로운 인사제도의 프로그램을 조직에 도입하더라도 개인별 맞춤형 서비스를 제공하기 어려웠다. 조직 전체에 맞는 기성복을 구매하다 보니 개인에게 맞는 서비스를 제공하기는 곤란했다. 개인에게 맞는 서비스를 제공하기 위해서는 많은 시간과 비용이 추가되거나, 아예 처음부터 개인형으로는 맞출 수 없는 경우도 많았다. 회사가 직접 프로그램을 개발한 경우도 마찬가지이다. 조직에 적용되는 구조를 개인에게 모두 적용하기에는 기술적으로 비용적으로 한계가 있었다.

📖 개인의 활용 범위가 넓어지다

AI기술의 대표적인 언어 모델인 챗GPT는 Chat과 GPT가 합쳐진 단어이다.

'Chat'은 '대화를 나누다, 수다를 떨다'라는 영어 단어이다.

'GPT'에서 'G'는 생성이라는 'Generative'의 앞글자 G로, '창조하고 만들어내다'는 뜻이다. 즉, 기존의 데이터와 기본 패턴을 학습하여 새롭고 의미 있는 결과물을 만들어 낸다는 것이다. 이러한 새로운 결과물은 텍스트나 영상, 음성으로도 가능하다. 'P'는 'Pre-trained'의 앞 글자로 '사전 훈련', 즉, 미리 학습되었다는 의미이다. 즉 특정 작업을 수행할 수 있도록 많은 데이터를 학습하고 훈련이 되어있다는 것이다. 'T'는 인공지능 분야에서 사용되는 신경망모델 중에 하나인 'Transformer'의 앞 글자 T가 결합된 단어이다. Transformer는 2017년 구글팀이 발표한 컴퓨터 딥모델 중에 하나인데, 기존에 모델과 다르게 이 모델은 주어진 문장을 보고 다음에 올 문장을 확률적으로 예측해 나갈 수 있다. 즉 문장 전체를 전체적으로 보면서 단어들 사이의 관계를 파악하여 다음에 올 문장을 확률적으로 예측해 나가는 것이다.

챗GPT를 설명하면서 나왔던 신경망모델, 자연어, 알고리즘, 딥러닝에 대해서 간략히 정리해 보자. 왜냐하면 앞으로도 자주 나오는 단어이기 때문이다.

'신경망모델(Neural Network Model)'이란 인공지능과 머신러닝 분야에서 사용되는 알고리즘으로, 인간의 뇌 구조를 모방하여 데이터에서 패턴을 학습하고 예측하는 데 사용된다. 신경망 모델은 자연어를 다루는 것과 이미지의 인식과 음성을 파악하는 등 다양한 분야에서 뛰어난 성능을 보이며, 딥러닝의 핵심 기술로 자리 잡고 있다.

'자연어(Natural Language)'란 사람이 통상적으로 이용하는 언어로, 말이나 글로 표현되는 의사소통 수단이다. 즉, 한국어, 영어, 중국어 등을 말하며 이는 다양하고 문맥에 따라 의미가 달라지는 특성을 가지고 있다. 자연어 처리는 NLP(Natural Language

Processing)라 불리는 데, 인간의 일상적인 언어인 자연어를 읽고 해석할 수 있도록 하는 기술로, 인공지능의 한 분야이다. NLP는 언어 번역, 감정 분석, 질문 응답 시스템 등 다양한 응용 분야에서 활용된다.

'알고리즘(Algorithm)'은 특정 문제를 해결하기 위한 일련의 단계적 절차나 규칙을 의미한다. 알고리즘은 컴퓨터 프로그램의 기초를 이루며, 효율적이고 최적화된 알고리즘을 개발하는 것은 소프트웨어 개발에서 매우 중요하다.

'딥러닝(Deep learning)'은 컴퓨터가 스스로 배우고 성장하는 과정이며, 이러한 프로세스가 가능하게 하는 두뇌와 같은 역할을 하는 것을 딥모델이라 부른다. 즉 딥모델은 컴퓨터가 스스로 학습을 통해 발전하게 하는 가장 핵심적인 역할이다.

AI의 발달로 HR 프로그램이 기존에는 조직에 일괄적으로 적용했던 부분들이 이제는 개인 기반으로 프로그램을 활용할 수 있다. 물론 예전에도 개별화가 되어 오고 있었지만, AI의 발달은 이를 더욱 가속화하였다. 왜냐하면 AI 발달로 프로그램의 개발이 더욱 쉬워지고 개발 비용 또한 감소되었기 때문이다. 같은 비용의 투자라도 예전보다 개인화가 가능하게 되었다.

🜂 개인화 할 수 있는 비용이 낮아지다

예전에는 HR 프로그램을 도입 후에 커스터마이징을 하기 위해서는 많은 추가 비용이 들고, 기술적인 어려움도 있었다. 하지만 프로그램의 적용이 개별화되고 그 개별화된 정보가 더욱 정밀하고 정확해지고 있다. 이렇게 개별화되고 정확해진 정보를 통해 AI는 각 개인별 상황에 맞추어서 개인에게 서비스와 정보를 제공할 수 있게 되었다. 한 예로 예전에는 엔지니어만 작성할 수 있던 코딩을 개인이 AI 통해서 프롬프트만 잘 작성하면 AI가 코딩을 해주고 있다. 물론 프롬프트 작성도 시간과 노력을 들여야 습득할 수 있지만, 예전에 코딩을 직접 작성하는 것에 비하면 많은 시간과 노력이 줄어들었다. 이처럼 전문가와 일반인과 사이의 격차가 거의 사라짐으로 프로그램을 개인별 커스터마이징하여 사용할 수 있게 되었다.

아마존은 자체 개발한 AI 시스템을 활용해 고객의 구매 이력, 검색 이력 및 상품 평가 등 다양한 데이터를 분석할 수 있다. 이를 통해 고객에게 개인화된 상품 추천을 제시하고, 회사 전반적인 재고 관리와 물류 효율성을 개선하는 데 성공하였다. 또한 스타벅스는 AI 기반의 '딥 브루(Deep Brew)' 프로그램을 통해 고객 맞춤형 마케팅, 매장 운영 최적화, 재고 관리 등 다양한 분야에서 효율성을 높이고 있다. 이를 통해서 고객의 선호도를 파악하여 이에 맞는 개인화된 제품 추천하여 매장 운영의 효율성을 높여 고객 만족을 가져왔고, 이는 바로 매출 증대로 이어졌다.

AI의 발달은 기존과 비교할 수 없을 만큼 개별화되고, 그 개별화 된 정보는 AI 기술을 통해 취합, 분석되고 있다. 또한 분석된 결괏값은 하루가 다르게 정확해지고 있다. 이러한 데이터 분석을 통해 고객의 니즈를 더 잘 이해하고 효율적인 조직과 팀 운영이 가능해질 뿐만 아니라 새로운 서비스와 제품 개발도 가능해져서 고객 만족과 기업의 매출 증대를 가져올 수 있게 되었다.

이처럼 AI가 적용된 HR 제도는 조직의 전체적인 시각뿐만 아니라 개별적으로 다양한 시각에서 정보를 얻을 수 있다. 세분화되고 정확해진 개인의 정보를 인사 관리 담당자는 조직의 효율적 운영에 적극적으로 활용해야 할 것이다.

20년 차 신입사원
AI 대리를 소개합니다

AI 기술의 급속한 발전은 전통적인 직장 환경에 혁명적인 변화를 가져오고 있다. AI는 단순한 업무 보조 도구를 넘어, 일반적인 회사 인원이 수행하던 업무를 대체하거나, 때로는 그 이상의 성과를 내고 있다. AI의 도입으로 데이터 분석, 고객 서비스, 심지어는 창의적인 문제 해결에 이르기까지 다양한 분야에서 인간의 역량을 뛰어넘는 효율성과 정확성을 보여주고 있다. 또한 AI 기술의 발전은 조직과 구성원 모두에게 새로운 기회와 도전을 제공하고 있다. 이러한 변화의 물결 속에서, AI와 인간이 어떻게 보다 효과적으로 협력할 수 있는지에 대한 문제도 더욱 중요해졌다.

인사팀 업무를 하다 보면 직원들의 불만을 자주 접하게 된다. 이때 인사팀 직원은 마음속으로 이런 말을 한다.

'인사팀 인원만 충원해 줘봐라. 그럼 우리가 할 수 못 하겠나?'

인사팀 인원이 많으면 그만큼 직원 개인들에게 양적으로 질적으로 더 나은 서비스를 제공해 줄 수 있다. 하지만 조직의 자원은 한정되어 있어서 인원 충원을 인사팀에만 많이 할 수는 없다. 인원 충원은 회사의 비용에서 인건비로 직접적인 영향을 미친다. 하지만 AI의 발달은 이러한 인사팀의 이러한 애로 사항을 해결해 줄 수 있을 것이다.

⚙️ 키오스크와 서빙로봇

최근에 'AX(AI Transformation)'라는 용어가 많이 사용되고 있다. AI(인공지능)를 단지 일부 분야에 활용하는 차원을 넘어서 산업의 중심으로 바꾸는 개념이다. 기존에 디지털 중심 DX(Digital Transformation)시대에서 AI 중심인 AX(AI Transformation) 시대로 이동한다는 것이다. 즉 지금까지 산업계 전반에서 디지털이 중심인 DX(Digital Transformation) 시대였다면, 앞으로는 디지털을 넘어 AI가 산업의 중심이자 핵심이 되는 것이 바로 AX(AI Transformation)이다. 그만큼 디지털 전환에는 AI의 역할이 중심이 되어 가고 있다.

인터넷의 첫 등장은 인류에 큰 충격을 주었다. 컴퓨터의 작은 화면을 통해서 전 세계를 통합한다고? 의문 덩어리였다. 그런데 이제 AI가 현재의 인터넷을 대체할 것이라고 한다. 지금까지 인터넷이 세계를 연결했다면, 이제는 AI가 세상을 연결한다는 것이다. 이를 실현할 수 있는 방법 중에 하나가 온디바이스AI이다. 온디바이스AI는 데이터가 외부에 있는 서버로 전송되지 않고 기기 자체 안에서 처리하는 시스템이다. 현재 AI 하면 인터넷으로 연결된 컴퓨터나 모바일 기기를 통해서 생성형AI를 활용하는 모습을 생각한다. 하지만 이제 우리가 흔히 접할 수 있는 가전 제품 등에도 AI가 자체적으로 탑재되면서 AI는 훨씬 더 우리에게 적극적이고 가깝게 다가올 것이다.

식당을 운영하는 소상공인들에게 가장 큰 문제점은 인건비 부담이다. 최근에는 거의 모든 식당에서 볼 수 있는 기기가 있다. 바로 키오스크와 서빙로봇이다. 각각의 키오스크와 서빙로봇은 직원 1명 이상의 업무를 하고 있고, 비용도 거의 인건비 1/5의 수준의 비용으로 운영할 수 있다. 처음에는 다소 부담감이 있고 어색하였지만, 키오스크와 서빙로봇은 이제 식당이나 카페를 운영하는 사업주에게 인력 부족과 인건비 부담 고충을 해결해 주는 1등 공신이다.

조직에서 키오스크와 서빙로봇

식당이나 카페에서 볼 수 있었던 키오스크와 서빙로봇을 이제는 일반 회사에서도 볼 수 있다. 국내 대기업이나 공공기관에서 사무실 내 문서나 소포 배달, 간단한 심부름 등을 위해서 소형 로봇을 도입한 사례를 볼 수 있다. 이 로봇들은 사무실 내 지정된 위치로 물품을 운반하는 등 단순한 업무 역할을 함으로써 직원들이 더 가치 있는 업무에 집념할 수 있는 역할을 한다. 또한, 일부 기업과 공공장소에서는 청소 및 방역 작업을 위해 로봇을 활용한다. 이 로봇들은 정해진 경로를 따라 이동하며 청소나 소독 작업을 수행, 보다 안전하고 청결한 환경을 유지하고 있다.

또한 단순 문서 작업이 AI에 의해서 대체되고 있다. 예를 들면, 기존의 수기로 작성하고 운영되어온 오피스 프로그램도 키워드나 스토리만 입력하여 주면 PPT나 워드, 엑셀 작업을 자동으로 작성해 준다. 그 결과물은 여러분이 생각하는 것 이상으로 훌륭하다. 물론 서류 작업이 완성된 후에 검토 작업이 여전히 필요하다. 하지만 서류 작성의 기획이나 초안은 매우 빠르게 작성되는 이점이 있고, 몇 차례 피드백을 주고 받으면 좀 더 정교하고 더 이상 손 볼 필요가 없는 완성된 서류를 받아 볼 수 있다. 이는 인사팀의 업무도 예외는 아니다. 모든 분야에서 팀원이 하던 일이 AI로 대체되어 가고 있다. 그리고 그 속도는 가속화되고 있다. 어느 경영컨설턴트에 의하면 자신의 보고서에 챗GPT

를 2023년 말부터 조심스럽게 활용하던 것을 6개월이 지난 후부터는 매우 담대하게 사용했고 그 결과물도 매우 만족한다고 한다. 그러면서 "AI는 사람을 밀어내지 않는다. 다만 AI를 사용하는 사람들이 AI를 사용하지 않는 사람들을 밀어낼 것이다"라고 하였다.

AI 기술의 급속한 발전은 전통적인 인사 관리 방식에 혁명적인 변화를 가져오고 있다. AI 기반 시스템과 알고리즘은 인사팀의 업무를 단순히 보조하는 수준을 넘어서, 이제는 인재 채용에서부터 성과 관리, 직원 교육 프로그램 개발에 이르기까지 인사 관리의 전반적인 과정에 도움 이상의 기능을 하고 있다. 이러한 변화는 인사팀이 직면한 시간과 자원의 제약을 극복할 수 있게 한다. AI의 도입은 단순히 기존 인원의 업무를 대체하는 것을 넘어서, 인사 관리의 질을 한 차원 높이는 새로운 가능성을 열어주고 있다. 이와 같은 변화는 조직의 경쟁력 강화는 물론, 직원 개개인의 만족도와 성장을 높이는 데 중요한 역할을 할 것이다.

이제는 식당이나 카페에서 키오스크나 서빙 로봇이 인원을 대체하듯이 인사팀의 인원으로 해왔던 잡다한 업무나 서류 작업을 AI와 로봇이 할 것임을 쉽게 예측할 수 있다. 도와주는 수준을 넘어서 사람을 능가하는 경우를 종종 볼 수 있다. 시간적인 부분이나 업무의 질적인 측면도 그렇다. 따라서 이제 인사팀은 기본적인 업무는 가능한 AI나 로봇에게 맡기고 좀 더 핵심적인 문제에 집중해야 된다. AI나 로봇의 등장을 떠올리면 공장 생산 라인에서 인원은 없고 로봇만이 움직이는 장면을 떠올려 왔을 것이다. 사무실에서도 아무도 없이 이따금 로봇만 움직이고 사람은 AI 기술을 담당하고 있는 직원뿐인 모습을 볼 수 있을 것이다.

추가 근무시간 없이
생산성 향상이 가능하다고?

인사팀이 AI 기술의 발달이 조직에 미치는 영향을 주의 깊게 바라보고 준비해야 되는 가장 중요한 이유 중에 하나는 바로 개인과 조직의 업무 효율성과 생산성 효과에 나타난 커다란 변화 때문이다. 이러한 변화는 마치 예전에 인터넷이 도입된 경우와 비슷하다. 하지만 AI가 미치는 효과나 영향력 인터넷을 훨씬 능가한다고 한다.

인터넷의 활용은 주로 해당 실무자들에게 영향을 끼치고 다른 팀원들에게는 직접적인 영향을 주지 않는다. 하지만 AI는 실무자든 관리자든 모든 사람의 업무에 영향을 줄 수 있고, 게다가 타 부서끼리도 서로 직접적인 영향을 줄 수 있기 때문이다.

2024년 5월 마이크로소프트 한국 지사가 발표한 업무 동향

보고서에 따르면, 전 세계 31개국, 3만 1,000명을 대상으로 한 설문과 MS365를 통해 집계된 데이터, 링크드인(Linked in)의 채용 트렌드 등을 분석한 결과, AI 기술이 업무에 활용되는 속도가 눈부시게 증가하고 있음을 보여주고 있다. 특히, 한국에서는 전체 응답자의 73%가 AI를 업무에 적용하고 있고, 이 중 거의 절반에 해당하는 46%는 최근 6개월 사이에 AI를 개인 업무에 도입했다. 연령대는 18~28세가 85%를 차지했고, 58세 이상의 근로자들도 AI의 업무 활용도가 73%나 되었다. 이는 현재 AI가 개인의 업무 환경에 깊숙이 자리 잡고 있음을 잘 보여주고 있다.

◈ 업무 효율성 향상

AI가 업무 프로세스를 최적화하고, 데이터를 분석하여 의사결정을 지원함으로써 업무 효율성과 생산성을 크게 향상시키고 있다. AI는 반복적이고 시간 소모적인 업무를 자동화함으로써 업무 효율성을 대폭 개선하고 있다. AI는 대량의 데이터를 빠르게 분석하여 인사 관리에 필요한 인사이트를 제공함으로써 의사결정 과정을 간소화하고 신속하게 만든다. 이를 통해 개인은 추가적인 근무시간 없이 업무의 효율성을 높일 수 있다.

영국의 의료 서비스 예약 및 보험 청구를 돕는 회사인 심플리헬스(Simplyhealth)는 세일즈포스의 아인슈타인 포 서비스를 이용해 고객 응대용 챗봇을 개발했는데, 이를 통해 이메일 문의에 대한 응답 시간을 대폭 줄였다. 과거 평균 12분 걸리던 문의 응답 시간이 1분 30초로 단축되었으며, 이로 인해 직원들은 더 복잡하고 전문적인 업무에 집중할 수 있게 되었다. 특히, 심플리헬스는 직원들이 보험금 청구 처리와 같은 중요 업무에 더 많은 업무 시간을 할애할 수 있도록 하여 업계 평균 대비 높은 고객 만족도를 달성하였다. 다른 기업들이 3일 동안 고객 불만의 46%를 해결하는 반면, 심플리헬스는 같은 기간 동안 무려 84% 이상의 고객 서비스 문제를 해결하며 고객 만족도도 92%까지 높였다.

◈ 업무 생산성 향상

AI의 도입은 직원들의 업무 만족도를 높이고, 이는 생산성을 향상을 가져왔다. AI 기술을 활용한 맞춤형 교육 프로그램은 개인의 역량을 강화하고, 직무 성과를 높였다. 또한 AI를 통한 성과 관리 시스템은 직원들의 업무 성과를 보다 정확하게 평가하고, 적절한 피드백과 보상을 제공하여 동기를 부여하였다. 이러한 과정은 예전보다 공정하고 합리적으로 운영되어 직원들은 업무에 대한 만족감이 높아져 결국 이는 개인과 조직의 생산성 증가로 이어졌다.

글로벌 자동차 회사인 GM은 오토데스크와 협력하여 생성형 AI 기술을 차량 부품 디자인에 접목함으로써 차량용 부품의 경량화와 비용 절감을 실현하였다. 생성형 AI 기술이 적용된 오토

데스크의 CAD 소프트웨어로 단시간에 수천 가지 부품 설계안을 생성하여 차량 부품의 경량화와 강도 분석이 가능하게 되었다. 3D 프린팅을 활용하여 대량 생산이 가능한 최적의 디자인을 선정해 실제 차량 모델에 적용하였다. 쉐보레의 14 개 모델에 경량화되고 고강도화된 부품을 적용하여 무게를 무려 평균 150kg 이상 줄였다고 한다.

AI 기술의 업무 활용은 조직의 업무 효율성과 생산성을 크게 향상시킨다. AI는 반복적이고 시간 소모적인 업무를 자동화하여 업무 효율성을 대폭 개선하였다. 심플리헬스 사례를 통해 볼 수 있듯이 AI의 실질적인 기여를 확인할 수 있으며, 이는 AI 기술을 통해서 직원들이 더 전략적이고 전문적인 업무에 집중할 수 있게 만들었다. AI 기술을 통한 맞춤형 교육 프로그램과 성과 관리 시스템이 직원들의 만족도와 생산성을 높이는 데 기여하였다. 또한 GM과 오토데스크의 협력 사례는 AI 기술이 차량 부품 디자인에 어떻게 혁신을 가져올 수 있는지 보여주었다. 이러한 사례들은 AI 기술이 개인의 역량 증가와 조직의 경쟁력 향상에 얼마나 중요한 역할을 하는지를 잘 보여주었다. AI 기술의 적극적인 도입과 활용은 미래 업무 환경의 효율성과 생산성을 극대화는 데 중요한 역할을 할 것이다.

하지만 현재까지는 AI기술을 단지 개인적 차원에서 사용하는 경향이 있다. 앞서 마이크로소프트 한국 지사가 발표한 업무 동향 보고서에 따르면 조사 대상자 중 78%가 회사 지원 없이 개인적으로 AI를 개인 업무에 적용하고 있다. 특히 한국은 AI의 개인적인 사용이 다른 국가에 비해 더 높았다. 이뿐만 아니라 리더급 임직원 중 대부분은 AI 도입이 회사 경쟁력에 필수적이라고 생각하지만, 이 중 절반 이상이 AI 활용에 대한 조직 내 비전과 명확한 계획이 부족한 상황이라고 답했다. 즉, 중요성은 모두가 알고 대부분의 직원들은 이미 적극 활용하고 있지만, 조직 차원의 전략적 활용 사례는 미미하다. 이제는 조직적 차원의 전략적 AI기술을 업무에 도입하여 개인과 조직의 효율성과 생산성을 높일 수 있는 방안들을 적극적으로 모색해야 된다.

업무 범위가 늘어나면
직원 만족도는 떨어지지 않을까?

　앞에서 업무의 효율성과 생산성의 증가에 대해서 살펴보았는데, AI 기술의 발달은 업무의 효율성과 생산성의 증대만 있는 것은 아니다. 추가적으로 직원의 만족도도 증가된다. 업무의 효율성과 생산성 증가는 직원 만족도와 비례 관계가 아닐 수 있다. 조직이 효율성과 생산성을 추구하다 보면 직원들은 Burn out이나 매너리즘에 빠져 만족도가 낮아질 수가 있다. 하지만 AI 기술은 발달은 개인의 추가적인 노력이나 고민에 비해 효율성과 생산성이 더 크게 증가할 수 있다. 따라서 AI의 도입으로 업무의 효율성과 생산성뿐만 아니라 직원 만족도 상승의 효과도 볼 수 있다.

🏅 개인 경험화 상승으로 인한 직원 만족도 상승

AI는 데이터 분석을 통해 각 직원의 특성과 필요성을 이해하고 맞춤형 피드백과 교육을 제공함으로써 직원 만족도를 높일 수 있다. 즉 AI는 개별적 직원의 업무 성과, 기술, 그리고 경력 목표를 분석하여 목표 설정과 이와 관련된 기술 개발에 필요한 교육 등을 제공할 수 있다. 이에 따라 직원들이 자신의 개발에 더 투자할 수 있고 성장할 수 있고, 이는 개인의 만족도를 가져올 수 있다. 그리고 개인은 조직이 개인의 사소한 것까지 고려하고 배려해 주고 있다는 느낌이 들고 이는 개인의 소속감이나 조직의 충성도를 높일 수 있다.

한편 2024년 5월 12일 Open AI는 기존의 GPT-4에서 GPT-4o를 발표하였다. 여기는 'o'는 모두 전부를 의미하는 'omni'를 의미하며 이것은 텍스트와 음성뿐만 아니라 비디오 등 다양한 형태의 데이터를 다룰 수 있는 능력을 갖추었기 때문이다. 무엇보다 ChatGPT-4o는 상대방과 대화를 하면서 내용을 저장할 뿐만 아니라 대화자의 감정을 인식하여 그 상황에 맞은 반응을 보일 수 있다. 이는 내장되어 있는 카메라를 통해서 상대방의 표정을 읽어낼 수 있기 때문이다. 감정을 이해하고 마치 또 다른 인간처럼 즉각 상대방에 대해서 반응을 보일 수 있다. 이는 향후에 직원들의 정신적인 어려움에 도움을 주거나 치료해서 직원의 만족감을 더욱 높여줄 수 있을 것으로 보인다.

♦ 과다 업무 간소화로 인한 직원만족도 상승

AI를 활용하면 불필요한 작업을 자동화하고 오류를 줄이면서 직원들이 더 가치 있는 업무에 몰입할 수 있게 된다. 인사팀은 AI를 사용하여 문서 검토 및 면접 일정 조정과 같은 반복적인 작업을 자동화할 수 있다. 이를 통해 인사팀은 더 복잡하고 전략적인 업무에 집중할 수 있고, 이는 직원의 업무 만족도 증가를 가져올 수 있다.

제조업에서 설비와 기계의 갑작스런 고장은 생산 제조라인에서 매우 치명적이다. 예상치 못한 제조라인의 설비나 기계가 정지하면 제조가 멈추게 되고, 이는 심지어 완제품 납기가 지연되어 매출 업체의 수주가 취소되는 경우도 있다. 이에 제조업체의 생산팀이나 생산기술팀은 언제 발생할지 모르는 고장에 대비하기에 퇴근 후에도 신경을 이만저만 쓰는 게 아니다. 그러나 생산라인에 AI를 도입하면서 제조라인의 고장이나 이상 발생을 미리 예측할 수 있다. AI는 정상적 가동 데이터를 바탕으로 설비나 기계의 이상음이나 이상 동작을 미리 감지하여 고장을 예측하고, 갑작스러운 생산 가동의 멈춤을 막을 수 있다. 따라서 생산 직원이나 생산 관리자들은 많은 업무 스트레스와 업무 가중의 압박에서 벗어날 수 있게 되었다. 이러한 심리적 안정감의 증가는 직원들의 업무 만족도 증가를 가져올 수 있다.

또한 최근 정부의 〈중대재해처벌법〉 강화로 중소기업이 많은 어려움을 겪고 있다. 안전을 중시하는 것은 중요하지만, 그렇지 않아도 인력난에 허덕이는 중소기업에 안전 강화 정책과 법제화는 많은 부담을 주고 있다. 이는 고스란히 현장에서 일하는 현장 직원이나 관리자들에게 심적 부담을 가중시키고 있다. 하지만 AI 기술 발달과 결합된 지능형 영상감시시스템(SVMS)은 인력난이 심한 중소기업에 산업 재해 방지에 대한 대응책을 제시해 줄 수 있다.

경기도에 위치한 중소기업은 자동차 부품 공장에 AI를 접목한 안전시스템을 도입하였다. 만일 작업자 A 씨가 안전모를 착용하지 않은 채 기계설비실에 들어가면 해당 시설 관련 안전관리자의 휴대폰에 알람이 울린다. 동시에 작업자 A 씨의 휴대폰에도 알림음이 울린다. 작업자 A 씨는 안전모를 착용하라는 스마트폰 애플리케이션의 경고 메시지를 확인한 후 즉각 안전모를 착용하고, 안전관리자는 전화로 안전 조치를 확인할 수 있었다.

이뿐만 아니라 국내 보안업체 에스원은 영상감시시스템의 안전 모니터링 장치로 공장이나 건설 현장 내 추락 등 위험이 있는 곳에 가상 펜스를 설정하였다. 가상 펜스를 설정 후 작업자가 그 영역에 진입할 경우 즉각 관리자에게 알람이 울려서 작업자의 접근을 미연에 방지할 수 있다. 물론 예전에도 이러한 비슷한 안전장치는 있었지만 설치 및 유지 관리 비용이 만만치 않아서 중소기업의 경우에는 많은 곳에 설치하기에는 부담스러웠다. 하지만 AI를 통한 영상감시시스템은 비용을 대폭 줄이고 쉽게 작업자와 기업이 사용할 수 있다는 것이 큰 장점이다. 이러한 AI를 통한 안전 관리 증가는 모든 직원과 관리자의 생명과 건강을 지켜줄 수 있어서 구성원들은 자신의 근무 환경에 큰 만족감을 가질 수 있다.

AI 기술의 발달은 직원의 근무 환경과 업무 만족도에 매우 긍정적인 영향을 미친다. AI의 개인별 맞춤형 피드백과 교육 제공을 통해 개인에게 맞는 서비스 제공을 받은 직원은 만족도가 상승한다. 또한 AI는 개인의 업무의 효율성을 높이고 과다한 업무를 간소화를 통해 직원들이 더 중요한 업무에 집중도를 높일 수 있어서 만족감도 높아질 수 있다.

제조업에서 AI를 활용한 예측 유지보수시스템은 생산 직원이나 관리자의 스트레스를 줄여주고, 안전한 근무 환경을 조성하여 근로자의 만족감을 높여준다. 또한 지능형 영상감시시스템을 도입한다면 중소기업의 산업 재해 방지에 중요한 역할을 할 수 있다. 따라서 AI 기술의 적극적인 도입과 활용은 직원들의 만족도와 근무 환경의 질을 향상시키는 데 중요한 요소가 될 것이다.

AI 시대를 압도하는
New 리더십 공식

　AI의 급속한 발전은 사회의 모든 분야에 광범위한 영향을 미치고 있으며 인사 관리의 리더십, 다양성 및 포용성의 측면도 예외는 아니다. 리더십, 다양성과 포용성은 조직의 성공과 지속 가능성을 유지하기 위한 필수적인 요소들이다. AI의 기술 발달은 이러한 요소들을 강화해 운영할 수 있도록 돕는 역할을 할 것이다.

◈ 리더십

　AI 기술의 도입은 지금까지의 리더십 개념을 재정의하고 있다. 리더들은 AI를 통하여 복잡한 데이터를 빠르게 분석한 결괏값을 받을 수 있고 이 기반으로 좀 더 정확한 결정을 내릴 수 있다. 이는 리더들이 팀 성과를 극대화하고 조직의 전략적 목표를 쉽고 빠르게 달성하는 데 도움을 줄 수 있다. AI는 팀원들의 업무 효율성과 성과, 그리고 만족도와 참여도, 협업 패턴에 대한 자세한 분석으로 리더에게 통찰력과 의사 결정 판단 기준을 제공해 줄 수 있다. 이 정보를 바탕으로 리더는 각 구성원의 잠재력을 최대화할 수 있는 맞춤형 전략을 개발할 수 있다. 또한 AI의 예측 모델은 장기적인 비전과 계획을 수립하는 데에도 중요한 역할을 한다. 기존에 감이나 개인적인 인간관계에 기반하지 않고 충분한 데이터의 분석을 바탕으로 기업의 중장기 계획을 세워나감으로써 보다 효율적이고 공정하게 조직을 이끌어 갈 수 있다. 이러한 방식으로 AI는 리더십에 데이터 기반 및 미래의 전략적인 활동으로 변화시켜 조직의 변화와 성장을 이끌어 갈 수 있다.

리더십에는 여러 가지가 있지만, AI 기술의 발달로 인한 협력적 리더십을 주목할 필요가 있다. AI 기술의 발달로 오히려 직원들은 개인화되고 있지만, 리더십에 있어서는 오히려 협력적 리더십을 발휘하기 좋은 환경이다. 협력적 리더십은 조직 내에서 팀원들과의 협력을 통해 공동의 목표를 달성하는 리더십 스타일을 말한다. 이는 전통적인 권위적 리더십과 달리, 리더가 팀원들과의 상호작용을 중시하고, 개개인의 의견과 아이디어를 존중하며, 모두가 참여하는 의사결정 과정을 통해 문제를 해결하는 방식을 중시한다. AI는 예전에는 개인의 방대한 데이터를 구할 수도 없고 구해도 분석하기가 어려웠지만, 이제는 직원들 개개인에 관한 빅데이터 취합과 분석이 가능하다. 이를 통해 리더는 개인의 의견과 아이디어를 팀 운영에 반영할 수 있고, 개개인의 의견 차이를 논의할 수 있는 커뮤니티 환경을 조성하여 좀 더 공유된 비전과 전략을 가지고 협력적 리더십 발휘할 수 있다. 협력적 리더가 성공할 수 있는 것은 집단적 지성에 대한 믿음의 바탕 위에 집단의 힘을 활용하는 것이다. 예전에는 최고경영진, 중간관리자, 직원들 간에 서로 알고 있는 정보가 달랐다면, 이제는 AI 기술의 발달로 정보 공유 수준이 높아지고 공유된 정보의 질과 양은 상향 평준화가 되어 가고 있다. 이는 어느 때보다 구성원들의 협력에 더 큰 힘을 발휘할 수 있을 것이다.

🜨 다양성과 포용성

AI는 다양성과 포용성을 촉진하는 데에도 중요한 역할을 한다. AI 기술을 사용한 데이터 분석은 조직 내 다양성의 현재 상태를 정확히 평가하고 포용적인 문화를 촉진하는 데 도움을 줄 수 있다. AI가 지원하는 채용 과정은 인종, 성별, 나이 등의 요소에 기반한 편견 없이 후보자를 평가할 수 있게 하여 다양한 인재의 채용이 가능하게 한다. 또한, AI 기반의 커뮤니케이션 플랫폼은 언어 장벽을 극복하고 다양한 문화적 배경을 가진 직원들 사이에 원활한 의사소통을 가능하게 하였다. 이러한 방식으로 AI 는 조직 내에서 다양성을 인식하고 존중하는 문화를 조성하는 데 기여하며, 이는 조직의 창의성과 혁신, 팀 성과의 증가로 이어질 수 있다.

AI로 인한 다양성과 포용성을 넓힌 경우로는 AI 채용시스템을 도입한 사례를 들 수 있다. 다국적 소비재 회사인 유니레버 (Unilever)는 AI를 활용해 채용 과정에서 무의식적인 편견을 줄이고, 다양성과 포용성을 증진시켰다. 유니레버는 AI 기반의 비디오 인터뷰 플랫폼을 도입하여 지원자의 언어와 표정, 목소리 톤 등을 분석해 공정하게 평가하였다. 이를 통해 채용 과정에서 성별, 인종, 나이 등과 같은 편견을 최소화하고, 다양한 배경을 가진 인재를 채용할 수 있었다.

한편 인텔은 AI의 알고리즘은 특정 국가나 사람에 의해 개발되는 경우가 있어서 AI 기술 개발을 통해 다양성과 포용성을 증진시키기 위해 AI에 잠재된 윤리적 위험성과 편향을 조기에 파악하여 해결하고자 하였다.

AI 알고리즘의 편향성 문제는 간단한 도구나 프로세스로 해결하기에 어려운 부분이 많다. 이를 해결하기 위해 인텔은 다양한 배경과 의견, 경험을 가진 사람들의 참여를 중요시한다. 그리고 인텔은 모든 AI 교육 프로그램에 윤리 요소를 포함시켜 학생들이 AI 윤리 원칙을 이해하고 더 책임 있는 AI 솔루션을 개발하도록 유도한다. 이처럼 인텔은 다양성과 포용성의 시각에서 AI 기술을 바라보고 개발함으로써 다양한 사람들에게 이롭고 공정한 사회에 기여하려는 AI 솔루션을 만들어 가고 있다.

AI 기술의 발전은 리더십, 다양성, 그리고 포용성에 있어서 새로운 지평을 열고 있다. 이러한 기술은 리더들이 더욱 전략적이고 효율적으로 결정을 내리며, 조직 내에서 다양성과 포용성을 강화하는 데 중요한 역할을 하고 있다. AI 기술을 통해 리더십은 데이터 기반의 의사 결정, 개인화된 관리 전략, 그리고 협력적 리더십을 통한 집단 지성의 활용 등으로 이용하고 있다. 또한 AI 기술은 조직 내 다양성 평가와 포용적 문화 조성을 위한 전략 개발의 활용과 편견 없는 채용 과정, 그리고 다양한 문화적 배경을 가진 구성원들 간의 원활한 의사소통 지원 등을 가능하게 함으로써 다양성과 포용성을 활성화시키고 있다.

특히, 유니레버와 인텔과 같은 기업들의 사례는 AI 기술이 어떻게 다양성과 포용성을 실무적으로 어떻게 활용하고 있는지를 보여주고 있다. 이러한 기업들은 AI 기술을 활용하여 무의식적인 편견을 줄이고, 다양한 배경을 가진 인재를 채용하며, AI 개발 과정에서 다양성과 포용성을 고려하여 윤리적이고 공정한 AI 솔루션을 개발하고 있다.

인사 관리 패러다임에도 특이점이 찾아오는 시대!

AI와 로봇 기술의 발전은 기업 환경에서 생산성 향상과 비용 절감 등 많은 이점을 제공하고 있지만, 동시에 인사 관리 분야에도 많은 도전과 기회를 보여주고 있다. 로봇과 AI의 도입으로 인한 일자리 대체, 새로운 형태의 노동력 관리, 그리고 인간-기계 협업 등의 이슈는 기업의 인사 관리자에게 중요한 과제가 될 것이다. 이러한 변화는 조직 문화, 직원 교육, 인재 채용 및 유지 전략 등 인사 관리의 전반적인 영역에 걸쳐 영향을 미칠 것이다.

☗ 로봇과 AI의 도입으로 인한 일자리 변화와 인력 구조 재편

로봇과 AI 기술의 발전은 많은 산업 분야에서 인간의 노동을 대체하고 있다. 특히 반복적이고 정형화된 작업을 주로 하는 제조업과 서비스업에서 이러한 변화가 두드러지게 나타나고 있다. 예를 들어, 아마존의 물류 센터에서는 이미 수만 대의 로봇이 상품 분류와 운반 작업을 수행하고 있으며, 이로 인해 인력 구조에 큰 변화가 발생했다. 이러한 변화는 단순히 일자리 감소만을 의미하는 것이 아니라, 새로운 형태의 일자리 창출로 이어지고 있다. 로봇과 AI 시스템을 관리하고 유지보수하는 기술자, 데이터 분석가, AI 트레이너 등 새로운 직종이 등장하고 있다.

이러한 변화에 대응하여 기업의 인사 관리자들은 조직의 인력 구조를 재편하고 있다. 기존 직원들의 재교육과 역량 개발에 투자하여 새로운 기술 환경에 적응할 수 있도록 지원하고 있다. 예를 들어, AT&T는 'Future Ready' 프로그램을 통해 직원들에게 AI와 데이터 분석 등 미래 핵심 기술 교육을 제공하고 있다. 또한, 기업들은 AI와 로봇 기술에 특화된 새로운 인재를 영입하기 위해 채용 전략을 수정하고 있다. 구글, 페이스북 등 대규모 기술 기업들은 AI 전문가 확보를 위해 대학과의 협력을 강화하고, 인턴십 프로그램을 확대하는 등 다양한 노력을 기울이고 있다.

그러나 이러한 변화 과정에서 윤리적 문제와 사회적 책임에 대한 고민도 깊어지고 있다. 대규모 인력 감축에 따른 사회적 문제, 기술 격차로 인한 불평등 심화 등의 이슈에 대해 기업들은 신중한 접근을 하고 있다. 예를 들어, 마이크로소프트는 AI 윤리 위원회를 설립하여 AI 기술 도입에 따른 윤리적 가이드라인을 수립하고, 직원들의 의견을 수렴하는 과정을 거치고 있다.

👾 인간-기계 협업 시대의 새로운 인사 관리 패러다임

로봇과 AI의 도입은 단순히 인간 노동력의 대체가 아닌, 인간과 기계의 협업이라는 새로운 패러다임을 만들어내고 있다. 인간-기계 협업 환경에서는 인간의 창의성, 감성 지능, 복잡한 의사 결정 능력 등이 더욱 중요해지고 있으며, 이에 따라 인사 관리의 초점도 변화하고 있다.

우선 직원 교육 및 개발 프로그램의 내용과 방식이 변화하고 있다. AI와 로봇과의 효과적인 협업을 위해 필요한 기술과 역량을 개발하는 데 중점을 두고 있다. 예를 들어, IBM은 'New Collar Jobs' 프로그램을 통해 직원들에게 AI, 그리고 이와 관련된 분야에 관한 필요한 기술을 교육하고 있다. 또한, 가상현실(VR)과 함께 증강현실(AR)을 이용한 학습 경험을 제공하여 교육 효과를 높이고 있다. 그리고 성과 평가 및 보상 시스템의 재설계가 이루어지고 있다.

AI와 로봇의 도입으로 인해 생산성과 효율성이 향상됨에 따라, 개인의 성과를 어떻게 측정하고 평가할 것인지에 대한 새로운 접근이 필요해졌다. 예를 들어, 딜로이트는 실시간 피드백 시스템을 도입하여 직원들의 성과를 계속적으로 모니터링하고 향상시킬 수 있는 분위기를 조성하고 있다.

또한, 협업 능력, 문제 해결 능력, 혁신성 등 기계와의 협업 환경에서 중요해진 소프트 스킬에 대한 평가 비중을 높이고 있다. 그리고 조직 인간-기계 협업 환경으로 인한 조직의 문화와 근무 환경의 유연한 변화가 더욱 가속화되고 있다. 구글의 '20% 타임' 정책처럼, 직원들이 자유롭게 아이디어를 탐구하고 혁신을 추구할 수 있는 환경을 조성하는 기업들이 늘어나고 있다.

일자리 구조의 변화, 인간-기계 협업 환경의 도래, 새로운 역량의 필요성 등은 인사 관리자에게 새로운 도전 과제를 제시하고 있다. 이러한 변화에 성공적으로 대응하기 위해서는 기업들의 선제적이고 유연한 접근이 필요하다. 먼저 직원들의 지속적인 학습과 역량 개발을 지원하고, 인간의 창의성과 감성 지능을 주도적으로 활용할 수 있는 조직 문화를 만들어 가는 것이 중요하다. 또한 기술 발전으로 인한 윤리적 부분도 고려한 변화를 추진해야 된다.

미래의 인사 관리는 인간과 기계의 강점을 최적으로 결합하여 시너지를 창출하는 데 초점을 맞추어야 한다. 이를 위해 인사 관리자들은 기술에 대한 이해와 함께 인간에 대한 깊은 통찰력을 갖추어야 한다. 시대가 기술화되어 갈수록 인문학이 중요해지는 이유 중의 하나이다. 앞으로 로봇과 AI 시대의 인사 관리는 조직의 지속 가능한 성장과 혁신을 주도하는 핵심적인 역할을 담당하게 될 것이다.

인사 관리의 혁신, 메타버스 세계관

　디지털 기술의 발전과 함께 메타버스(Metaverse)라는 새로운 가상 세계가 등장하였다. 메타버스는 현실 세계와 가상 세계가 융합된 초현실적 공간으로, 사용자들이 아바타를 통해 상호작용하고 경제 활동을 할 수 있는 플랫폼이다. 이러한 메타버스의 등장은 기업 환경에도 큰 변화를 가져오고 있으며, 특히 인사 관리와 기업 교육 분야에도 변화를 예측할 수 있다.

　코로나19 팬데믹으로 인해 원격 근무와 비대면 교육이 일상화되면서, 메타버스의 등장은 가속화되었다. 우선 기존 디지털 시스템과 비교하여 메타버스의 몇 가지 주요한 차별점은 다음과 같다. 먼저 몰입감과 현존감을 제공한다. 메타버스는 가상 현실(VR: Virtual Reality) 또는 증강 현실(AR: Augmented Reality) 활용하여 더욱 집중할 수 있는 체험을 제공할 수 있다. 사용자는 단순히 화면을 보는 것이 아니라 가상 환경 속에 존재하는 느낌을 받을 수 있다.

메타버스는 24시간 지속되는 가상 세계를 제공한다. 사용자가 접속을 끊어도 세계는 계속 존재하고 변화한다. 이상적인 메타버스에서는 다양한 플랫폼 간의 자유로운 이동과 자산 이전이 가능하다. 예를 들어, 한 게임에서 얻은 아이템을 다른 플랫폼에서도 사용할 수 있다.

메타버스는 현실 세계와 연계된 독자적인 경제시스템을 가지고 있다. 즉 가상 자산의 거래, 창작물의 판매 등이 가능하다. 그리고 메타버스는 단순한 소통을 넘어 가상 공간에서의 다양한 사회적 활동(콘서트 참여, 회의, 교육 등)이 가능하다. 메타버스는 사용자들이 직접 환경을 구축하고 콘텐츠를 생성할 수 있는 도구를 제공한다. 이러한 특징들로 인해 메타버스는 기존의 디지털 시스템보다 더욱 포괄적이고 집중도가 높은 체험을 제시할 수 있다.

🐾 메타버스와 기업의 인사 관리 혁신

메타버스의 도입은 기업의 인사 관리 방식에 큰 변화를 가져오고 있다. 전통적인 대면 중심의 인사 관리에서 벗어나, 가상 공간에서의 새로운 인사 관리 패러다임이 형성되고 있다. 이는 채용, 성과 관리, 조직 문화 형성 등 인사 관리의 전 영역에 걸쳐 영향을 미치고 있다.

우선 채용 프로세스의 혁신이 일어나고 있다. 메타버스 플랫폼을 활용한 가상 채용 박람회와 면접이 늘어나고 있다. 예를 들어, 현대자동차그룹은 '메타버스 채용 박람회'를 개최하여 지원자들이 아바타를 통해 회사 정보를 탐색하고 인사 담당자와 소통할 수 있는 기회를 제공했다. 이를 통해 기업은 더 많은 지원자들과 효율적으로 소통할 수 있으며, 지원자들은 시간과 공간의 제약 없이 채용 과정에 참여할 수 있게 되었다.

그리고 직원 교육과 역량 개발의 방식이 변화하고 있다. 메타버스 환경에서는 집중형 학습 체험을 공급할 수 있어, 교육의 성과를 높일 수 있다. 예를 들어, 월마트는 VR 기술을 활용하여 직원들에게 고객 서비스 훈련을 제공하고 있다. 직원들은 가상 환경에서 다양한 고객 응대 상황을 체험하고 연습할 수 있어, 실제 업무에 더 잘 대비할 수 있게 되었다고 한다. 그리고 원격 근무와 협업의 질이 향상되고 있다. 메타버스 플랫폼을 통해 직원들은 더욱 실감 나는 가상 회의와 협업을 경험할 수 있다. 마이크로소프트는 'Mesh for Microsoft Teams'를 통해 홀로그램 아바타를 이용한 3D 가상 회의 공간을 제공하고 있다. 이를 통해 원격 근무 환경에서도 대면 소통에 가까운 경험을 제공하여 팀워크와 생산성을 향상시키고 있다. 그리고 직원 경험과 조직 문화 형성에 새로운 접근이 가능해졌다. 메타버스 공간에서 기업은 독특하고 창의적인 방식으로 조직 문화를 구현하고 직원들의 참여를 유도할 수 있다. 예를 들어, 액센츄어는 가상 사무실 '원 액센츄어 파크'를 만들어 전 세계 직원들이 함께 모여 소통하고 협업할 수 있는 공간을 제공하고 있다.

마지막으로, 성과 관리와 보상 체계에도 변화가 일어나고 있다. 메타버스 환경에서는 직원들의 활동과 성과를 실시간으로 추적하고 분석할 수 있어, 더욱 정확하고 공정한 성과 평가가 가능해지고 있다. 또한 보상의 부분에 있어서도 기존의 화폐가 아닌 가상 화폐나 NFT를 활용한 새로운 형태의 보상이 등장하고 있다.

가상과 현실의 경계를 넘나드는 새로운 근무 환경과 학습 경험은 기업의 생산성과 혁신 역량을 크게 향상시킬 수 있다. 그러나 이러한 변화를 효과적으로 가져오기 위해서는 몇 가지 과제를 해결해야 한다. 우선 기술적 인프라의 구축과 보안 문제의 해결이 필요하다. 메타버스 환경을 안정적으로 운영하기 위한 고성능 네트워크와 기기, 그리고 개인정보 보호를 위한 강력한 보안 시스템이 요구된다. 그리고 디지털 격차 해소를 위한 노력이 필요하다. 즉 모든 직원들이 메타버스 환경에 쉽게 접근하고 활용할 수 있도록 교육과 지원이 이루어져야 한다. 그리고 메타버스 환경에 맞는 새로운 조직 문화와 리더십 스타일의 개발이 필요하다. 가상 환경에서의 효과적인 소통과 협업, 성과 관리를 위한 새로운 접근 방식이 요구된다.

그리고 윤리적 문제에 대한 고민이 필요하다. 가상 세계에서의 행동 규범, 디지털 자산의 소유권, 아바타의 정체성 등에 대한 명확한 가이드라인이 필요하다. 동시에 인간적 가치와 윤리를 잃지 않는 균형 잡힌 접근이 중요하다. 메타버스는 결국 인간을 위한 도구이며, 이를 통해 더 나은 근무 환경과 성장의 기회를 만들어 가는 것이 기업의 목표가 되어야 할 것이다.

AI가 만병통치약이라는 콩깍지를 벗겨라

AI는 채용, 교육 훈련, 성과 평가 등 다양한 인사 업무에서 효율성과 객관성을 높이는 데 기여하고 있다. 그러나 AI의 활용 증가가 기존의 인사 관리 문제점을 모두 다 해결해 주는 것일까? 문제가 해결되더라도 다른 부작용은 나타나지 않을까? 이러한 부정적 영향은 기업의 조직 문화, 직원들의 심리적 안정, 그리고 기업의 장기적 성장에도 악영향을 미칠 수 있다. 따라서 AI의 부정적 영향과 한계를 알아보고 이에 대한 대비책도 살펴보자.

✿ AI가 인사 관리에 미치는 부정적 영향과 한계

데이터 편향성과 차별의 문제가 있다. AI 시스템은 학습된 데이터를 바탕으로 의사결정을 하기 때문에, 학습 데이터에 편향이 있을 경우 이는 AI의 판단에도 그대로 반영된다. 이로 인해 특정 그룹에 대한 불평등이 나타날 수 있다. 예를 들어, 아마존은 2014년 AI 기반 채용 시스템을 도입했으나, 이 시스템이 남성 지원자를 선호하는 편향을 보이자 2017년 이를 폐기한 바 있다. 이는 과거의 채용 데이터가 주로 남성 중심이었기 때문에 발생한 문제였다. 국내에서도 유사한 사례가 있었는데, 한 대기업의 AI 채용 시스템이 특정 대학 출신을 선호하는 경향을 보여 논란이 된 적이 있다.

또 직원 프라이버시 침해 우려가 있다. AI 시스템은 효과적인 인사 관리를 위해 직원들의 다양한 데이터를 수집하고 분석한다. 이 과정에서 개인의 프라이버시가 침해될 수 있다. 예를 들어, 일부 기업들은 직원들의 이메일, 채팅 내용, 웹 브라우징 기록 등을 AI로 분석하여 생산성을 평가하려 했다. 그리고 미국의 한 기업은 직원들의 키보드 입력 횟수와 마우스 이동을 추적하는 소프트웨어를 도입했다가 직원들의 강한 반발로 철회한 사례가 있다. 회사는 공정한 평가를 위해서 했다고 하지만, 직원 입장에서는 마치 감시를 당하는 불쾌감을 지울 수 없을 것이다. 인간적 요소의 배제와 조직문화를 악화시킬 수 있다.

아울러 AI가 인사 결정을 대신하게 되면서 인간적인 요소가 배제될 수 있다. 이는 조직 내 신뢰와 유대감을 약화시키고, 직원들의 소속감과 충성도를 저하시킬 수 있다. 국내의 한 IT 기업에서는 AI 기반 성과평가 시스템 도입 후 직원들의 불만이 증가하고 이직률이 높아진 사례가 있다.

과도한 수량화와 창의성 저하를 가져올 수 있다. AI는 주로 정량적 데이터를 바탕으로 판단하기 때문에, 창의성이나 잠재력과 같은 정성적 요소를 평가하는 데 한계가 있다. 이로 인해 기업의 장기적인 혁신 역량이 저하될 수 있다. 직원들은 장기적이고 전체적 관점이 아니라 일시적으로 자신의 과업에 해당하는 평가요인들만 좋게 보이려고 할 것이다. 또한 실리콘밸리의 한 스타트업은 AI 채용 시스템 도입 후 기술적 역량은 뛰어나지만 창의성이 부족한 인재들만 선발되는 문제를 겪었다. 지원자들이 AI가 평가하는 요인들만 집중적으로 준비를 했기 때문이라고 볼 수 있다.

직원들의 불안감과 저항이 커질 수 있다. AI의 도입으로 인한 직무 불안감이 증가할 수 있다. 특히 중간 관리자층에서 이러한 불안감이 크게 나타난다. 국내 한 대기업에서는 AI 인사 관리 시스템 도입 후 중간관리자들의 집단적인 반발이 있었고, 이는 조직 전체의 생산성 저하로 이어졌다. 이는 중간관리자의 업무가 AI에 의해서 가장 많이 대체 될 수 있기 때문이다. 이러한 업무 환경에서는 중간관리자가 불안한 환경에서 근무할 수밖에 없을 것이다.

기술 의존성과 인적 역량 약화가 나타날 수 있다. AI에 과도하게 의존할 경우, 인사 담당자들의 판단력과 전문성이 약화될 수 있다. 이는 장기적으로 기업의 인사 관리 역량을 저하시킬 수 있다. 일본의 한 기업에서는 AI 시스템 오류로 인해 잘못된 인사 결정이 내려졌지만, 이를 즉각 발견하지 못해 큰 혼란을 겪은 사례가 있다. 현재에 기업에서도 수기작업을 하던 것을 전산화하고 시스템화하면 직원들은 시스템을 운영만 할 뿐, 시스템의 운영방식은 알지 못 하거나 전혀 관심이 없어져 오히려 개인의 능력은 저하되는 경우를 종종 볼 수 있다.

윤리적이고 법적인 문제가 발생할 수 있다. AI의 판단 기준이나 과정이 불투명할 경우, 법적 분쟁이나 윤리적 문제가 발생할 수 있다. 미국에서는 AI 채용 시스템의 판단 근거를 요구하는 소송이 제기된 바 있으며, 이는 기업에 큰 부담이 되고 있다.

👆 AI의 부정적 영향에 대한 대비점

공정하고 다양한 데이터 확보가 필요하다. AI 시스템의 편향성을 줄이기 위해서는 공정하고 다양한 데이터를 확보하는 것이 중요하다. 이를 위해 다양한 배경의 인재들로 구성된 데이터 수집 및 검증팀을 운영해야 된다. 그리고 정기적인 데이터 감사를 통해 편향성을 점검해야 된다.

또한 외부 전문가들의 검토를 거친 데이터 활용이 필요하다. 예를 들어, IBM은 'AI Fairness 360' 툴킷을 개발하여 AI 모델의 편향성을 감지하고 완화하는 데 활용하고 있다.

투명성과 설명 가능성을 확보해야 한다. AI의 의사결정 과정을 투명하게 공개하고, 그 결과를 설명할 수 있어야 한다. 이를 위해서 'Explainable AI(XAI)' 기술 도입과 AI 의사결정의 근거를 직원들에게 명확히 제시할 수 있어야 한다. 그리고 AI 시스템의 작동 원리에 대한 교육을 전사적이고 주기적으로 실시해야 된다. 예를 들어, 구글은 'AI 모델 카드(Model Cards)'를 공개하여 AI 모델의 성능, 한계, 윤리적 고려사항 등을 투명하게 공개하고 있다.

인간과 AI의 적절한 역할 분담이 있어야 한다. AI는 인간의 판단을 보조하는 도구로 활용하고, 최종 결정은 인간이 내리도록 해야 한다. 이를 위해서는 AI의 역할과 한계를 명확히 정의해야 한다. 그리고 중요한 인사 결정에는 반드시 인간의 검토 과정 포함되어야 하며, AI와 인간의 협업 모델 개발이 시급하다. 예를 들어, 마이크로소프트는 'Human-AI eXperience(HAX) 가이드 라인'을 통해 AI와 인간의 효과적인 협업 방안을 제시하고 있다.

프라이버시 보호를 강화해야 한다. 직원들의 개인정보 보호를 위한 엄격한 정책과 시스템을 구축해야 한다. 이에 데이터 수집 및 활용에 대한 명확한 가이드라인 수립하고, 이 또한 직원들의 동의를 바탕으로 해야 한다. 그리고 정기적인 프라이버시 감사 실시가 필요하다. 예를 들어, 세일즈포스는 'AI Ethics' 위원회를 설립하여 AI 사용에 따른 윤리적 문제와 프라이버시 보호 방안을 지속적으로 검토하고 있다.

조직 문화와 인간관계를 강화해야 한다. AI 도입으로 인해 약화될 수 있는 조직 내 인간관계와 문화를 강화하기 위한 노력이 필요하다. 이를 위해 대면 소통 기회를 확대해야 하고, 팀 빌딩 활동을 강화하며, 멘토링 프로그램 운영이 필요하다. 예를 들어, 국내 기업인 네이버는 'AI For Everyone' 프로그램을 통해 전 직원의 AI 리터러시를 높이는 동시에, 오프라인 교류 활동을 강화하여 조직 문화를 유지하고 있다.

AI 시대에 맞는 인사 담당자들의 지속적인 교육과 역량 개발이 필요하다. 이를 위해 AI 기술에 대한 이해도 제고 교육과 데이터 분석 및 해석 능력 향상 프로그램과 윤리적 의사 결정 훈련이 필요하다. 예를 들어, LG그룹은 'AI 아카데미'를 운영하여 전 임직원의 AI 역량을 강화하고 있으며, 특히 인사 담당자들을 위한 특화 프로그램을 제공하고 있다.

또한 빠른 시일 내에 AI 활용에 대한 명확한 법적, 윤리적 가이드라인을 수립하고 이를 준수해야 한다. 이를 위해 AI 윤리위원회 설립과 운영, 그리고 정기적인 AI 윤리 감사 실시와 국내외 AI 관련 법규 모니터링 및 대응이 필요하다. 미국과 유럽에서는 윤리규정에 대한 수립 작업이 활발하게 이뤄지고 있지만, 아직 이렇다 할 완성된 규정은 없다. 그리고 국내의 경우는 미국이나 유럽에 비하면 초기 단계이다.

궁극적으로 AI는 인간의 판단을 대체하는 것이 아니라, 이를 보완하고 지원하는 도구로 활용되어야 한다. 기업들은 AI 기술의 한계와 리스크를 명확히 인식하고, 이를 적절히 관리하면서 AI의 이점을 최대한 활용하는 균형 잡힌 접근을 해야 할 것이다.

또한, AI 도입 과정에서 직원들의 의견을 충분히 수렴하고, 그들의 우려사항을 해소하기 위한 노력도 병행하고, 직원들의 의구심은 공개적으로 명확하게 설명해 줄 수 있어야 한다. AI와 인간이 각자의 강점을 살려 협력할 때, 진정한 시너지 효과를 낼 수 있을 것이다.

AI의 기능은 지속적으로 향상될 것이며, 이에 따라 인사 관리 분야에서의 활용 방식도 진화할 것이다. 기업들은 이러한 변화에 유연하게 대응하면서도, 인간 중심 조직의 구축에 중심을 두어야 할 것이다.

우리 회사는 AI 시대에 맞는
인사 관리를 준비하고 있을까?

대기업들이 AI 도입에 앞장서고 있는 가운데, 중소기업들도 이러한 흐름에 동참하려는 움직임을 보이고 있다. 중소기업은 대기업에 비해 상대적으로 자원이 제한적이지만, AI 기술의 접근성이 높아지면서 인사 관리 분야에서 AI를 활용하려는 시도가 늘어나고 있다.

⬦ 중소기업의 AI 도입 현황 및 주요 활용 분야

중소기업의 AI 도입은 아직 초기 단계에 있지만, 점차 그 필요성을 인식하고 도입을 확대해 나가는 추세이다. 한국중소기업연구원의 조사에 따르면, 국내 중소기업의 약 15%가 인사 관리 분야에서 AI를 활용하고 있거나 도입을 준비 중인 것으로 나타났다. 이는 2년 전 조사 결과에 비해 2배 이상 증가한 수치로, 중소기업들의 AI에 대한 관심이 크게 높아졌음을 보여준다.

채용 프로세스에서는 AI를 활용한 이력서 스크리닝, 지원자 평가 등을 통해 채용 과정의 효율성을 높이고 있다. 예를 들어, 서울에 위치한 중소 IT기업은 AI 기반의 채용 플랫폼을 도입하여 지원자의 역량을 객관적으로 평가하고, 회사의 문화와 직무에 가장 적합한 인재를 선별하는 데 활용하고 있다. 이를 통해 채용 시간을 30% 단축하고, 신규 직원의 업무 적응도를 20% 향상시키는 성과를 거두었다.

교육 및 훈련에서는 AI를 활용한 맞춤형 학습 프로그램 제공으로 직원들의 역량 개발을 지원하고 있다. 부산의 한 중소 제조업체는 AI 기반의 직무 교육 시스템을 도입하여 각 직원의 업무 성과와 학습 패턴을 분석하고, 개인별로 최적화된 교육 콘텐츠를 제공하고 있다. 이를 통해 직원들의 직무 만족도가 15% 상승하고, 업무 생산성이 10% 향상되는 효과를 얻었다.

성과 관리에서는 AI 분석을 통해 객관적이고 공정한 성과 평가 시스템을 구축하고 있다. 대전의 한 중소 소프트웨어 개발사는 AI 기반의 성과 관리 시스템을 도입하여 직원들의 프로젝트 참여도, 코드 품질, 협업 능력 등을 종합적으로 분석하고 평가하고 있다. 이 시스템의 도입으로 성과 평가의 공정성에 대한 직원들의 만족도가 25% 상승했다고 한다.

직원 경험 관리에서는 AI 챗봇을 활용하여 직원들의 문의사항에 24시간 대응하고 있다. 인천의 한 중소 유통업체는 AI 챗봇 '스마트HR'을 도입하여 직원들의 휴가 신청, 급여 조회, 복리후생 안내 등 일상적인 인사 업무를 자동화했다. 이를 통해 HR 부서의 업무 부담을 40% 줄이고, 직원들의 만족도를 20% 높이는 성과를 거두었다.

🏵 국내 중소기업들의 AI 도입 사례

서울에 위치한 한 중소 IT 기업은 AI를 활용한 '스마트 워크 플랫폼'을 자체 개발하여 사용하고 있다. 이 플랫폼은 직원들의 업무 패턴을 분석하여 최적의 업무 시간과 환경을 추천하고, 팀 프로젝트 구성 시 AI가 각 직원의 강점을 고려하여 최적의 팀을 제안한다. 도입 6개월 만에 직원들의 업무 만족도가 30% 상승하고, 프로젝트 완료 시간이 평균 20% 단축되는 효과를 거두었다.

경기도의 한 식품 제조 중소기업은 AI 기반의 '인재 매칭 시스템'을 도입했다. 이 시스템은 신규 채용 시 지원자의 역량과 회사의 필요 인재상을 AI가 분석하여 매칭하고, 기존 직원들의 역량을 지속적으로 체크하여 최적의 직무 배치를 제안한다. 이를 통해 채용 비용을 25% 절감하고, 직원들의 직무 만족도를 15% 향상시켰다.

대구의 소프트웨어 개발 중소기업은 AI를 활용한 '실시간 성과 관리 시스템'을 구축했다. 이 시스템은 직원들의 일일 업무 수행 데이터를 AI가 실시간으로 분석하여 개인별 업무 효율성을 측정하고, 개선이 필요한 부분에 대해 즉각적인 피드백을 제공한다. 도입 후 직원들의 업무 생산성이 평균 18% 향상되었고, 실시간 피드백으로 인한 업무 개선 속도도 크게 높아졌다.

그러나 중소기업들이 AI를 도입하는 과정에서 직면하는 여러 문제가 있다.

우선 비용 문제이다. AI 시스템 구축에 필요한 초기 투자 비용이 중소기업에는 부담이 될 수 있다. 이러한 문제의 솔루션을 제공을 위해 정부와 지자체는 다양한 지원 프로그램을 운영하고 있지만, 여전히 많은 중소기업들이 비용 문제로 AI 도입을 주저하고 있다.

다음으로 전문 인력 부족이다. AI 시스템을 효과적으로 운영하고 관리할 수 있는 전문 인력이 부족하다. 중소기업들은 이를 해결하기 위해 외부 전문가를 영입하거나 기존 직원들의 AI 역량 강화를 위한 교육에 투자하고 있다.

다음으로 데이터 확보의 어려움이다. AI 시스템의 성능을 높이기 위해서는 충분한 양질의 데이터가 필요하지만, 중소기업들은 대기업에 비해 상대적으로 데이터 확보에 어려움을 겪고 있다. 이를 극복하기 위해 일부 중소기업들은 산업별 협회나 정부

기관과 협력하여 데이터를 공유하는 방안을 모색하고 있다.

끝으로 보안 및 개인정보 보호 문제이다. AI 시스템 도입에 따른 보안 위험과 직원들의 개인정보 보호 문제에 대한 우려가 있다. 중소기업들은 이를 해결하기 위해 보안 시스템 강화와 함께 직원들을 대상으로 한 개인정보 보호 교육을 실시하고 있다.

중소기업의 인사 관리 분야 AI 도입은 아직 초기 단계에 있지만, 그 필요성에 대한 인식이 높아지면서 도입 사례가 늘어나고 있다. AI를 통해 채용, 교육, 성과 관리 등 다양한 인사 관리 영역에서 효율성과 객관성을 높이고 있으며, 이는 중소기업의 경쟁력 강화로 이어지고 있다. 그러나 비용, 인력, 데이터, 보안 등의 문제는 여전히 중소기업의 AI 도입을 가로막는 장애물로 작용하고 있다.

이러한 과제들을 해결하기 위해서는 정부와 대기업, 그리고 AI 기술 기업들의 지원이 필요하다. 정부는 중소기업의 AI 도입을 위한 자금 지원과 세제 혜택을 확대하고, 전문 인력 양성 프로그램을 강화해야 한다. 대기업들은 협력업체인 중소기업들과 AI 기술과 노하우를 공유하는 상생 협력 모델을 구축할 필요가 있다. AI 기술 기업들은 중소기업의 특성과 요구사항에 맞는 맞춤형 솔루션을 개발하고 제공해야 한다.

중소기업들 또한 AI 도입의 장기적 이점을 인식하고, 단계적이고 전략적인 접근을 통해 AI를 도입해 나가야 한다. 초기에는 비용 대비 효과가 높은 영역부터 시작하여 점진적으로 확대해 나가는 전략이 필요하다. 또한 AI에 대한 직원들의 이해도를 높이고, AI와 인간의 협업 모델을 구축하는 데 주력해야 한다.

이처럼 AI 기술은 계속해서 발전하고 있으며, 앞으로 중소기업의 인사 관리 분야에서 AI의 역할은 더욱 커질 것이다.

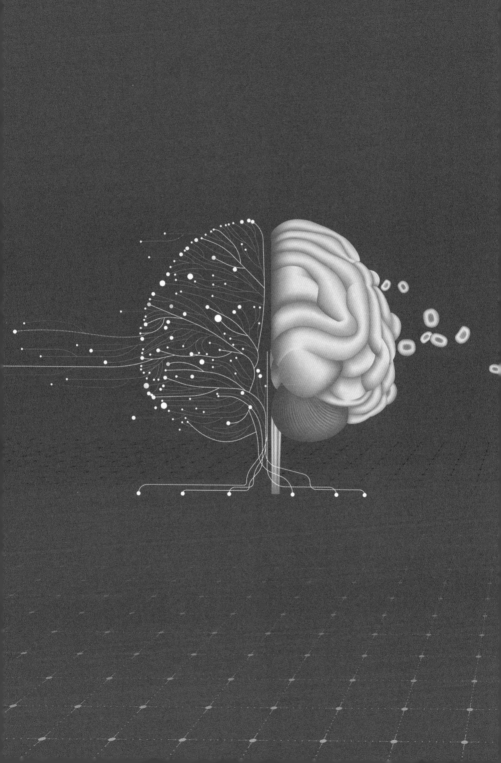

Chapter.2

AI, 채용에 어떤 영향을
미치게 될까?

초우수 인재만
선별하는 초특급 전략

인재 유출 방지와 이직률 감소는 기업이 지속적인 성장을 유지하는 데 매우 중요한 요소이다. AI 기술을 활용함으로써 직원들의 이직 의사를 사전에 예측하고, 이에 대응하는 인사 전략을 마련할 수 있다. 이를 통해 조직은 인재를 유지하고, 우수 인재를 더욱 효과적으로 관리할 수 있다.

지금까지 인사팀은 인재 유출이나 이직률 방지를 위해 사전적 관리보다는 사후적 조치 위주로 관리를 해왔다. 핵심 인재가 이직을 하면 그 원인을 부랴부랴 파악하고 방지책을 세워나갔다. 하지만 이제 보다 선제적인 대응과 전략을 세워 나갈 수 있다. 인사팀은 AI를 활용하여 직원들의 행동 패턴, 성과 데이터, 만족도 조사 응답, 그리고 사내 커뮤니케이션 등을 분석하여 직원들의 이직 가능성을 예측하고 대응이 가능하다.

♧ 데이터를 통한 이직 가능성 유추 가능

AI는 직원의 업무 성과, 참여도, 그리고 커뮤니케이션 패턴 등을 분석하여, 이직 위험이 높은 직원을 식별할 수 있다. 또한 AI는 정기적인 만족도 조사를 분석하여 직원들의 업무 환경, 리더십 스타일, 그리고 조직 문화에 대한 인식을 파악할 수 있다. AI 기반의 예측 모델을 통해서 다양한 데이터를 분석하여 특정 직원의 이직 가능성을 예측할 수 있다. 이를 통해 관리자는 해당 직원과 대화를 시작하고, 문제를 해결하기 위한 선조치를 취할 수 있다.

물론 아직까지는 그 정확성이 높다고 얘기할 수 없다. 하지만 데이터가 쌓이고 실제 자료와 비교하다 보면 조만간 그 조직에 맞는 개인별 이직 가능성의 확률값을 찾아내고 대응할 수 있을 것이다. 즉, 매해 입사자의 인사 자료와 퇴사자의 인사 자료를 통해서 둘 사이의 인과 관계는 다양한 입력 정보와 분석을 거쳐 발견될 수 있다. 정확하지는 않더라도 이직 의도의 주된 원인과 예방 방지책은 찾아 볼 수 있을 것이다.

♧ 인재 관리는 대표적으로 감이 필요한 영역이었다

AI 통해서 빅데이터(Big Data)를 구할 수 있다. 빅데이터란 그

규모가 전통적인 데이터베이스 관리 도구로는 저장, 관리, 분석이 감당하기 어려울 정도로 방대한 양의 데이터를 말한다. 빅데이터를 통해서 많은 분야에서 의사 결정을 확인하고, 트렌드를 예측하며, 사용자의 만족감을 높일 수 있고 새로운 가치를 만들어 낼 수 있다.

전통적인 방식으로 조직에서는 주로 흔히 말하는 줄서기나 내 사람 만들기로 인재를 관리해왔다. 하지만 이제 개인별 인사 정보와 역량 및 성과의 데이터가 쌓여 가면 예전에 관리자가 직감이나 정으로 직원들을 대해왔던 방식들은 변해갈 것이다.

그동안 알 수 없었던 직원들의 속마음이 데이터를 통해 분석되고 파악될 수 있을 것이다. 첫술에 배부를 수 없다. 시간이 흐르면서 데이터가 쌓이고 확인하는 작업이 많아질수록 좀 더 유의미한 정보를 얻을 수 있을 것이다. 예를 들면, 이직률이 높은 직군 중의 하나가 간호사 직군이다. 간호사연구소는 신규 간호사의 업무 부적응과 높은 이직률 문제를 해결하기 위해 IT와 간호를 결합한 AI 간호 기술을 개발하였다. 이 기술은 환자의 증상과 상황에 맞는 간호 업무를 실시간으로 제공하여 업무 효율을 높이고, 신규 간호사의 교육 기간 동안의 업무 부담을 줄여 적응도를 높이며, 초기 이직률을 낮출 수 있었다.

AI를 이용한 온보딩(onboarding) 시스템을 성공적으로 적용하여 우수한 인재 유출을 초기에 막아낸 기업 사례 중 하나로 IBM

을 들 수 있다. IBM은 직원들의 온보딩 과정을 개선하기 위해 AI를 활용한 시스템인 'Watson Career Coach'를 도입하였다. 이 시스템은 새로운 직원들이 회사에 빠르게 적응할 수 있도록 도와주며, 직원 개개인의 경력 목표와 관심사에 맞춘 맞춤형 정보와 자원을 제공한다고 한다. Watson Career Coach는 직원들의 질문에 대해 실시간으로 답변을 제공하고, 필요한 교육 자료와 회사 내 다양한 기회들을 알려준다. 이를 통해 직원들은 자신의 역할에 대해 더 빠르게 이해하고, 회사의 조직 문화에 쉽게 적응할 수 있어서 초기에 직원들의 이탈을 방지할 수 있었다.

이러한 AI 기반 온보딩 시스템은 새로운 직원들이 보다 빠르고 효율적으로 조직에 변화하고, 장기적으로 조직 성과에 기여하도록 도와주는 중요한 역할을 하고 있다. AI 기술의 발전은 앞으로도 더 많은 조직들이 이러한 시스템을 도입하여 초기에 직원이 조직에 잘 적응하도록 하여 불필요한 인재 유출을 막을 수 있을 것이다.

기존에는 인재의 이직 의도나 유출을 파악하고 대응하는 데 있어서 사후적으로 알 수 있었다. 일부 관리자의 직감, 혹은 사적인 술자리에서 직원의 심정을 파악하고 문제가 발생했을 때 설득했었던 것들을, 이제는 축적된 데이터로 개인별 이직 의도를 파악하고, 인사팀이 신속하게 이에 대한 전략과 대응책을 수립할 수 있을 것이다.

아직까지는 물론 인재 유출에 대한 정보가 정확하지 않을 수 있다. 또한 시간이 흘러도 사람은 기계가 아니기 때문에 정확하게 사람의 마음을 파악할 수는 없을 것이다. 하지만 구성원의 이직 의도 가능성과 대응 전략에 대한 빅테이터를 분석하다 보면 분명 큰 흐름을 파악이 되고, 중요한 관리 포인트가 나오게 될 것이다.

그렇다고 예전처럼 대면 방식의 면담이 필요 없는 것은 아니다. 대면 방식이나 경험 있는 관리자의 노련한 직감도 중요한 때가 있다. 충분히 검증된 데이터를 기반으로 유능한 관리자의 대면 방식과 그들의 노하우를 함께 사용한다면 AI를 활용한 인사관리는 더욱 빛이 날 것이다.

묻지 않습니다.
자동으로 심사됩니다

현재까지 AI가 인사 관리 분야에 많은 영향을 미쳤지만, 그중에서 지금까지 가장 많은 변화를 가져온 분야는 단연 채용이라고 할 수 있다. 과거에는 채용 과정이 매우 복잡하고 시간이 많이 소요되었지만, AI 기술을 활용함으로써 이 과정을 효율적으로 개선할 가능성이 열렸다.

✥ 채용 프로세스의 자동화

지금까지 회사는 인원의 신규 충원이나 퇴사자를 대체할 인원을 채용할 때 해당 포지션의 직무와 요건을 회사 홈페이지나 또는 채용공고 사이트에 공지했다. 지원자는 이를 보고 지원을 하고 회사는 수많은 이력서를 매일 스크린한다. 서류 검사를 통해서 1차 면접을 진행하고 필요에 따라서는 2차, 3차의 대면 인터뷰를 한 후에 합격자에게 합격 통보를 공지한다. 서류 검사에서 합격에 이르기까지는 많은 작업이 필요하다. 서류 전형에서는 이력서의 분류와 검토는 손이 많이 가고, 단순 반복적인 업무들이다. 또한 서류 검사 후에 어렵게 후보자들에게 연락하고 일정을 잡지만, 그렇다고 모두가 면접을 보러 오는 것이 아니다. 다시 결원이 생기면 서류 전형부터 또 시작해야 된다. 심지어 최종 합격자가 입사를 포기하는 경우도 있다. 물론 이러한 과정 자체도 외주 아웃소싱을 주는 경우가 있지만, 대기업이 아닌 중견 중소기업 입장에서는 비용 부담이 커서 고스란히 인사팀 업무로 맡겨지는 경우가 많다.

하지만 이제는 AI를 통해서 이러한 절차가 매우 간소화되었다. 먼저 간략하게 AI를 통한 진행 과정을 살펴보면, 지원자가 기업에 여러 경로를 통해 지원서를 제출하면 AI는 통합적으로 여러 채널에서 접수된 지원서를 정리하고 서류 평가를 수행하는데, 이때 기업에서 설정한 인재상을 바탕으로 학습하고 입력받은 데이터를 기준으로 평가를 진행한다. AI 평가를 통해 1차 합격자가 선발되면, 이들을 대상으로 동영상 면접 촬영이 이루어진다. 이 단계에서 AI는 지원자의 표정, 목소리 톤, 대답 속도 등을 분석하여 평가를 내리게 된다. 이러한 AI 평가 결과를 바탕으로 2차 합격자가 선발되고, 최종적으로 기업에서 대면 면접을 진행하여 최종합격자를 선정한다.

기업은 해당 오픈 포지션에서 AI가 직무기술서와 직무요건을 분석하여 해당 포지션에 적합한 직무기술서와 직무요건을 제시해 준다. 심지어 적합한 단어는 말할 것 없고 분위기와 뉘앙스도 제시해 준다. 회사는 보다 빠르고 정확하게 회사에 맞는 지원자를 러브콜 할 수 있게 되었다. 회사 자체 홈페이지나 공개 채용 사이트에 지원된 이력서는 사람이 직접 검토하지 않고, AI가 키워드나 지원자의 학력, 경력 등과 회사가 필요한 직무기술서와 직무요건 그리고 조직문화를 포함한 여러 가지 상황을 반영하여 AI가 선발한다. 인사팀에서는 AI가 추천한 인원을 위주로 다음 선발 과정을 진행하면 된다.

이뿐만 아니라 AI는 지원자의 성향과 배경을 고려하여 다음 대면 면접 과정에 사용될 개인별 면접 질문을 자동으로 생성해 준다. 일반적인 전형적인 질문도 있고 후보자의 이력서를 꼼꼼히 읽고 회사의 포지션을 고민하지 않으면 물어볼 수 없는 질문도 있다. 또한 면접자의 답변을 기록하여 분석하는 데도 활용할 수 있다. 사람이 수많은 사람들을 인터뷰하다 보면 특정 사람의 답변의 차별성과 문제점을 발견하기는 쉽지 않다. 하지만 많은 면접자의 답변을 데이터화 할 수 있다면 AI는 이를 분석하여 개별 면접자의 성향 파악 결과도 제시해 줄 것이다. 물론 처음부터 회사에 적합한 인재를 정확하게 추천하기 위한 AI가 모든 것을 해주지 않을 수 있다. 시행착오와 시간이 흐를수록 AI는 학습하면서 회사에 보다 적합한 인재를 추천해 줄 것이다.

🔹 인사담당자의 역할

이처럼 AI가 채용의 전 과정에 관여한다고 해도 인사담당자의 역할은 빼놓을 수 없다. 왜냐하면 AI가 적합한 인재를 추천해 줄 수 있도록 AI에게 알맞은 가이드라인을 충분히 제시해 주어야 하기 때문이다. 우리가 챗GPT를 활용할 때도 자세하고 정확한 프롬프트를 제시할 때 더 좋은 답변을 얻을 수 있듯이, AI가 작업도를 높이기 위해 정확하고 다양한 정보를 입력해 주어야 한다. 예를 들어, 회사의 미션과 비전, 현재 중요한 사업의 방향과 전략, 그리고 해당 회사만이 가지고 있는 조직문화가 반영될 수 있는 가이드라인을 제시해 주어야 한다. 또한 면접의 진행 사항과 조직의 상황을 잘 파악하여 채용 과정에서 수시로 변할 수 있는 업무 요건이나 환경의 변화도 잘 반영되고 있는지 모니터링을 해야 된다. 즉, 인사담당자는 채용 과정에 있어서 기업의 전략, 사업 방향, 조직문화 등을 종합적으로 판단하여야 한다. 그리고 AI가 편견에 치우친 선별을 하거나 선별에 있어서 윤리적 문제가 없는지도 검토해야 될 것이다.

AI 기술의 도입은 채용 프로세스를 혁신적으로 개선할 수 있는 중요한 기회를 제공한다. 이를 통해 기업은 보다 효율적이고 정확하게 적합한 인재를 선별할 수 있게 된다. 하지만 AI의 활용에도 불구하고 인사담당자의 역할은 여전히 중요하다. 인사담당자는 AI가 제공하는 정보와 추천을 바탕으로 최종 결정을 내리는 데 필요한 인간적 판단력을 제공해야 한다. 또한, AI가 기업의 미션, 비전, 조직문화를 반영하여 적합한 인재를 추천할 수 있도록 적절한 가이드라인을 제시하는 데에도 중요한 역할을 한다. AI 기술의 발전은 인사담당자의 일부 역할을 대체하기도 하지만, 인사담당자가 그 동안 인력 부족으로 파악하지 못했던 부분에 AI 기술을 활용해야 될 것이다.

AI는 이미 인재 채용의 결과를 예측하고 있다

　예측 분석은 현대 인사 관리에서 빼놓을 수 없는 도구로 자리 잡았다. 기업들은 예측 분석을 통해 채용 과정에서 효율성을 극대화하고, 최적의 인재를 발굴할 수 있다. AI를 활용한 예측 분석은 채용 과정의 효율성과 정확성을 크게 향상시키고 있다. 예측 분석은 방대한 양의 데이터를 분석하여 미래의 결과를 예측하는 기술로, 채용 분야에서는 지원자의 성공 가능성과 잠재력을 평가하는 데 활용될 수 있다. AI 기반 예측 분석은 기존의 채용 방식에 비해 객관성과 일관성을 유지할 수 있으며, 인력과 시간을 절약할 수 있다는 장점이 있다. 또한, 다양한 데이터를 종합적으로 분석함으로써 후보자의 적합성을 다각도로 평가할 수 있다. 이에 따라 글로벌 기업들은 AI 예측 분석을 채용 프로세스에 적극적으로 도입하고 있으며, 이는 앞으로도 지속될 것이다.

⚱ 데이터 수집

예측 분석의 처음 단계는 데이터를 모으는 것이다. 역시 좋은 자료를 얻기 위해서는 양적으로 질적으로 좋은 자료가 입력되어야 한다. 그러기 위해서 다양한 과정과 각도에서 수집되는 자료의 양과 질이 매우 중요하다. 이 과정에서는 후보자의 학력, 경력, 기술, 성격 테스트 결과 등 다양한 데이터를 수집한다. 물론 더 다양한 시각에서 자료를 수집하면 더 좋은 정보를 만날 수 있다.

예전에는 자료가 많아도 걱정이었다. 왜냐하면 분석한 기술과 여력이 없기 때문이다. 하지만 AI 기술의 발달로 일단 좋은 자료를 많이 수집할 수 있다면 분석은 이미 절반 이상 끝난 것이라고 볼 수 있다.

이러한 데이터는 기존 직원의 성과와 비교 분석하여 후보자가 조직에 적합한지 여부를 판단하는 기초 자료로 활용된다. 예측 분석 모델은 후보자의 과거 행동 패턴과 성과를 기반으로 미래의 성과를 예측한다. 특정 대학 출신의 후보자가 높은 성과를 보이는 경향이 있다면, 해당 대학 출신 후보자를 우선적으로 고려할 수 있다. 이를 통해 채용의 정확성을 높이고, 소요되는 시간과 관련된 비용을 줄일 수 있다. 예를 들면, 힐튼(Hilton) 호텔은 AI 기술을 활용하여 지원자의 이력서와 면접 성적을 분석하고, 이를 바탕으로 채용 후 성과를 예측하는 시스템을 도입했다. 이 시스템은 과거 채용 데이터와 직원 성과 데이터를 학습하여, 새로운 지원자의 성공 가능성을 예측할 수 있었다.

🜚 데이터 분석 및 모델링

예측 분석의 두 번째 단계는 데이터 분석 및 모델링이다. 이 단계에서는 수집된 데이터를 바탕으로 예측 모델을 구축하고, 이를 통해 후보자의 미래 성과를 예측한다. 머신러닝 알고리즘을 활용하여 후보자의 성과를 예측하고, 이를 통해 최적의 후보자를 선별한다. 예측 분석 모델은 다양한 변수들 간의 상관관계를 분석하여 후보자의 성공 가능성을 평가한다. 또한 예측 분석은 채용 후에도 지속적으로 후보자의 성과를 모니터링하고, 이를 통해 모델의 정확성을 계속적으로 높인다. 이를 통해 기업은 꾸준히 채용 프로세스를 개선할 수 있다.

예를 들면, 글로벌 컨설팅 기업 액센추어(Accenture)는 이 지원자의 이력서, 소셜 미디어 프로필, 온라인 활동 등을 분석하여 해당 직무에 적합한 후보자를 식별하고, 그들의 성과를 예측하여 채용을 진행한다고 한다. 온라인 의류 판매 기업 〈자포스(Zappos)〉는 AI 기술을 활용하여 지원자의 문화적 적합성을 평가한다. 이들은 지원자의 소셜 미디어 활동과 온라인 행동을 분석하여, 회사 문화에 잘 맞는 후보자를 선별하고 장기 근속 가능성을 예측한다고 한다. 금융 서비스 기업 〈캐피털원(Capital One)〉은 AI 기반 채용 시스템을 통해 지원자의 기술적 능력과 문제 해결 능력을 평가한다고 한다. 이 시스템은 코딩 테스트 결과와 이력서를 분석하여, 후보자의 잠재력과 성공 가능성을 예측할 수 있다.

데이터 수집과 분석, 모델링을 통해 기업은 지원자의 성공 가능성과 잠재력을 객관적이고 효율적으로 평가할 수 있게 되었다. 이는 기존의 주관적이고 비효율적인 채용 방식에서 벗어나, 데이터 기반의 의사결정을 가능하게 한다. AI 예측 분석을 통해 기업은 최적의 인재를 선별하고, 채용 프로세스의 시간과 비용을 절감할 수 있다. 또한, 지속적인 모니터링과 피드백을 통해 예측 모델의 정확성을 높이고, 채용 프로세스를 개선해 나갈 수 있다. 힐튼, 액센추어, 자포스, 캐피털원 등 글로벌 기업들의 사례에서 볼 수 있듯이, AI 예측 분석은 다양한 산업 분야에서 채용 프로세스의 혁신을 주도하고 있다. 앞으로도 AI 기술의 발전과 함께 예측 분석은 더욱 정교화될 것이고, 기업의 인재 확보와 경쟁력 강화에 핵심적인 역할을 할 것으로 기대된다.

예측 분석을 통해 기업은 보다 효율적이고 과학적인 채용 전략을 수립할 수 있으며, 최적의 인재를 발굴할 수 있다. 그러나 예측 분석이 만능은 아니다. 데이터의 질과 양에 따라 예측의 정확성이 달라질 수 있으며, 이를 보완하기 위한 지속적인 노력이 필요하다. 추가로 예측 분석은 인간의 직관과 결합하여 더욱 효과적으로 활용될 수 있다. 따라서 기업은 예측 분석을 도구로 활용하되, 이를 절대적인 기준으로 삼기보다는 보조적인 수단으로 활용하는 것이 바람직할 것이다.

'당연함'은 거부되고
'다양함'은 살아남는 채용 비밀

전통적인 채용 방식은 종종 무의식적 편견에 의해 영향을 받아 특정 그룹의 지원자들에게 유리하거나 또는 불리하게 작용될 수도 있다. 그러나 AI는 데이터 기반으로 공정하고 객관적인 결정을 내릴 수 있는 능력을 가지고 있다. 이를 통해 AI의 도입은 채용의 공정성과 포용성을 높일 수 있다.

🏛 편견의 감소

AI는 채용 과정에서 무의식적 편견을 줄이는 데 효과적이다. 기존의 채용 방식에서는 채용 담당자의 주관적인 판단이 개입될 여지가 크다. 예를 들어, 특정 학교 출신이거나 특정 경력을 가진 지원자가 더 유리하게 또는 불리하게 평가될 수 있다. 그러나 AI는 지원자의 이름, 성별, 나이 등의 개인적인 정보를 배제하고, 오로지 능력과 경험에 기반한 평가가 가능하다. 이를 통해 무의식적 편견의 영향을 최소화할 수 있다.

물론 이러한 편견을 최소화하기 위해서 이미 블라인드 채용이 공기업 중심으로 시행되고 있다. 블라인드 채용은 채용 과정에서 지원자의 개인적 배경 정보(예: 학력, 출신 학교, 성별, 나이, 사진 등)를 배제하고 오직 직무 역량과 관련된 정보만을 바탕으로 평가하는 채용 방식을 의미한다.

하지만 블라인드 채용에서는 지원자의 학력, 경력 등을 배제하다 보니 직무와의 적합성을 정확히 평가하기 어려운 경우도 있다. 그리고 서류 면접 이후 후속 과정에서 편견이 발생할 수 있다. 즉 서류 전형에서는 블라인드 채용이 이루어지더라도, 면접 과정에서 지원자의 외모, 말투, 태도 등을 통해 다시 편견이 작용할 수 있다. 오히려 배경 정보를 알 수 없기 때문에 외모, 말투, 태도에서 더 집중하고 판단의 비중을 더 많이 두는 경향도 있다. 그리고 블라인드 채용으로 인해 지원자의 배경 정보를 알 수 없으므로, 지원자의 잠재력이나 다양한 경험을 충분히 평가할 수 없는 부작용이 있다.

그러나 AI 기반의 서류 전형 시스템은 지원자의 이력서를 수많은 데이터를 분석하여 직무와 관련된 경험과 능력을 중심으로 평가한다. AI를 통해서 서류 심사를 마쳐도 2차 면접은 역시 직접 대면으로 진행되지만, AI를 통해서 대면 면접에서 발생할 수 있는 문제점을 미리 파악하여 최소화 할 수 있다.

예를 들면, AI 기반의 영상 분석 도구를 사용하여 지원자의 응답 내용을 분석하고, 표정, 목소리 톤, 제스처 등을 객관적으로 평가할 수 있다. 그리고 AI를 활용하여 해당 직무와 조직 문화에 맞게 일관성 있는 질문을 만들 수 있고, 이를 통해 모든 지원자에게 동일한 기준으로 질문을 할 수 있다. 그리고 AI는 지원자의 응답 내용을 텍스트 분석을 통해 평가할 수 있다. 이를 통해 지원자의 역량과 능력을 객관적으로 분석하여 2차 면접관의 주관적인 평가를 보완할 수 있다.

그리고 AI를 활용하여 면접관에게 편견을 줄이기 위한 제안을 해줄 수 있다. 즉 AI가 면접관의 질문 패턴과 평가 방식을 분석하여 편견이 발생할 가능성이 있는 부분을 피드백해 줄 수 있다.

☙ 다양성 증가

AI가 채용 과정에서 편견 없이 1차 서류검토를 마치고, 또한 2차 대면 면접에서 발생할 수 있는 편견과 오류 역시 최소화할 수 있다. 이로써 채용되는 합격자들의 다양성을 높일 수 있다. 다양한 배경을 가진 인재를 채용하는 것은 기업의 혁신성과 창의성을 높이는 데 매우 중요한 요소이다. 이 시대는 한 곳만 확대해서 들여다 보기보다 좀 더 다양한 시각에서 바라봐야 경쟁력 있는 기업이 될 수 있다.

LG전자는 다양한 배경을 가진 인재들을 채용하여 혁신적인 제품을 개발하는 데 성공하였다. 예를 들어, AI 기술과 IoT(사물인터넷)를 결합한 스마트 가전제품, OLED TV, 그리고 로봇 청소기 등이 다양한 인재 채용의 결과물이라고 한다. 실제로 이러한 제품들은 만들어지는 데 성공했을 뿐만 아니라 시장에서도 큰 호응을 얻고 있다. 그리고 LG전자는 다양한 문화와 언어를 이해하는 글로벌 인재들을 채용하여 해외 시장에서 경쟁력을 높였다고 한다.

또한 AI는 다양한 데이터를 분석하여 지원자 다양성을 평가하고, 이를 기반으로 더 다양한 후보자를 추천할 수 있다. 이는 기업이 더 다양한 인재를 확보하고, 다양한 관점과 아이디어를 통해 혁신을 촉진하는 데 도움이 된다. 더불어 채용 과정에서 편견을 줄이고 다양성을 증진하는 데 중요한 역할을 하며, 다양한 배경을 가진 지원자들에게 공평한 기회를 제공할 수 있다. 이를 통해 기업은 더 다양한 인재를 확보하고, 혁신성과 창의성을 높일 수 있다.

그러나 AI의 도입이 모든 문제를 해결하는 것은 아니다. AI 시스템도 학습 데이터에 따라 편향될 수 있으며, 이를 방지하기 위한 지속적인 관리와 개선이 필요하다. 따라서 AI를 채용 과정에 도입할 때는 이를 보완할 수 있는 정책과 절차가 요구된다. 또한 AI를 활용하여 채용을 실행하고 과정에 있어서 문제점이 없는지를 검토할 수 있는 직원들을 양성해야 한다. 이를 위해서는 충분한 교육과 기다림이 필요하다.

시행착오를 10배 줄이는 업무 적합도 판단 솔루션

　AI 기술의 발전은 기업의 인재 채용 시 직무 적합성과 조직 적합성을 파악하는 부분에서도 많은 변화와 개선을 가져온다. 기존에는 지원자의 직무 적합성과 조직 적합성을 정확히 판단하기 어려웠다. 대부분 면접관의 주관적인 평가나 제한된 정보에 의존해 결정을 내렸고, 실제 업무 수행 능력이나 조직 문화와의 조화 유무는 입사 후에야 확인할 수 있었다. 이에 기업은 근로계약서에 반드시 들어가는 항목으로 3개월 수습 기간이 필요하였다.

　그러나 채용 과정에서 AI의 도입으로 이러한 한계를 극복할 수 있다. AI는 방대한 데이터를 분석하여 지원자의 직무 적합성을 객관적으로 평가할 수 있으며, 개인의 성향과 회사의 문화를 고려해 조직 적합성까지 예측할 수 있다. 이는 단순히 현재 상황만을 고려하는 것이 아니라, 과거의 경험과 미래의 잠재력까지 종합적으로 판단할 수 있기 때문이다.

🪦 3개월 수습 기간

아무리 1차, 2차, 3차의 인터뷰 과정을 통과했어도 후보자가 이 업무에 적합한지는 역시 직접 근무를 해보고 주변 직원들로부터 피드백을 들어봐야 정확히 알 수 있다. 이에 AI는 지원자의 직무 적합성을 보다 정밀하게 평가하는 데 큰 도움이 된다. 기존의 채용 방식에서는 지원자의 이력서와 면접에서 얻은 정보를 바탕으로 직무 적합성을 판단하지만, 이는 주관적인 판단에 크게 의존한다. 그러나 AI는 지원자의 과거 경력, 학력, 기술, 프로젝트 경험 등을 종합적으로 분석하여 직무에 필요한 역량을 객관적으로 평가할 수 있다. 예를 들어, AI 기반의 채용 시스템은 지원자의 이력서에서 키워드를 추출하고, 이를 직무 요구사항과 비교하여 적합성을 평가한다. 이러한 과정에서 AI는 인간이 놓칠 수 있는 세부사항까지 고려할 수 있다. 이는 기업이 직무에 적합한 인재를 선발하는 데 많은 도움이 될 수 있다.

🪦 이 직원이 우리 회사와 맞을까?

업무가 신입직원의 역량과 맞는다고 신입사원이 회사에 소프트런칭을 할 수 있는 것은 아니다. 업무도 자신과 맞고 업무량도 적합하지만, 그 회사만의 분위기에 적응하지 못하여 신입사원이 회사를 떠나는 경우를 종종 볼 수 있다. 스펙은 현재 맡고 있는 일보다 훨씬 뛰어나지만, 개인의 성향이나 이상 때문에 조직에 적응 못 하는 경우는 비일비재하다. 이러한 부분도 AI는 간파할 수 있다고 한다. 사람은 현재 재직 중인 회사의 경험이나 자기가 지금까지 다른 회사에서 경험한 것을 가지고 판단 할 수 있지만, AI가 판단하는 데이터의 범위는 전국적이고 심지어 해외의 사례도 검토 가능하다. 따라서 AI는 사람의 조직 적합성을 편견 없이 판단하여 최종 면접 승인자가 올바른 의사결정을 할 수 있도록 양적 질적 정보를 제공할 수 있다.

신입사원이 회사의 분위기와 문화가 맞는지의 조직 적합성은 직무의 적합성처럼 막상 입사를 해봐야 알 수 있다. 개인이 조직에 맞는지 안 맞는지는 여러 가지 변수가 있다. 자신의 문제뿐만 아니라 상사나 부하직원, 그리고 회사의 다른 여러 외부 요인으로 신입사원이 적응을 못하여 회사를 떠나기도 한다. 물론 이 역시 AI가 모든 것을 해결해 줄 수는 없지만, 입사 시의 정보와 재직 시의 정보를 쌓아가고 분석하면 그 회사의 직무나 분위기에 적합한 인재의 유형은 점점 더 정확해질 것이다.

AI 기술의 발전은 직무 적합성과 조직 적합성 평가에 있어 인간의 한계를 보완하고 더욱 객관적이고 정확한 판단을 가능하게 했다. 이제 AI는 방대한 데이터를 분석하여 지원자의 직무 능력을 평가하고, 개인의 성향과 회사 문화의 조화를 예측할 수 있다. 이는 기존의 주관적이고 제한적인 평가 방식을 크게 개선하였다. 특히 AI는 전국적, 때로는 국제적인 데이터를 활용하여 더 넓은 시각에서 판단하고 예측할 수 있다. 그러나 AI가 완벽한 해답을 제시할 수는 없다. 오히려 AI 시스템 또한 편향된 데이터를 학습할 경우 편향된 결과를 도출할 수 있다. 이를 방지하기 위해 지속적인 관리와 개선이 필요하다. AI를 채용 과정에 도입할 때는 보완적인 정책과 절차를 마련하고, 인간의 판단과 균형을 맞추는 것이 중요하다.

여전히 신입사원의 실제 근무 환경에서의 적응과 성과는 다양한 변수로부터 영향을 받는다. 상사, 동료와의 관계, 회사의 분위기 등 복잡한 요소들이 작용하기 때문이다.

AI는 채용 과정에서 중요한 도구이지만, 최종 결정은 여전히 인간의 몫이다. AI의 분석 결과를 참고하되, 인간의 직관과 경험을 결합하여 최적의 결정을 내려야 한다. 또한 입사 후에도 지속적인 모니터링과 피드백이 필요하다. AI는 채용 과정에서 혁신적인 역할을 하고 있지만, 사람에 대한 완전한 대체재보다는 보완재로 활용되고 있음을 명심해야 된다. 물론 시간이 지나면서 AI의 역할이 점점 더 커지고 중요해지는 것을 부인할 수는 없을 것이다.

AI가 면접자 관상도 본다고?

기업의 채용 프로세스에 혁신적인 변화 중에 하나로 비디오 인터뷰의 대중화를 들 수 있다. 이러한 변화는 기업이 더 넓은 범위에서 우수한 인재를 발굴하고, 보다 객관적이며 다각적인 평가를 가능하게 했다. 지원자의 언어적 능력과 경력, 학력 등 서면 자료에 의존하는 기존의 방식에서 AI를 활용한 비디오 인터뷰는 지원자의 언어적 능력뿐만 아니라 비언어적 커뮤니케이션 능력까지 종합적으로 평가할 수 있게 되었다.

AI 기반 비디오 인터뷰는 시간과 공간의 제약을 받지 않기 때문에 기업은 전 세계의 인재를 대상으로 채용을 진행할 수 있게 되었고, 지원자 입장에서도 자신의 위치에 구애받지 않고 다양한 기회에 도전할 수 있게 되었다. 이는 특히 글로벌 기업이나 특정 분야의 전문 인력을 찾는 회사에는 큰 이점이 될 수 있다.

🔱 대중화되어가는 비디오 인터뷰

비디오 인터뷰는 기업이 지원자의 언어적 측면뿐만 아니라 비언어적 커뮤니케이션의 능력을 평가할 수 있는 중요한 도구다. AI는 서면평가나 대면 평가와는 달리 비디오 인터뷰를 통해 지원자의 언어의 논리적인 측면뿐만 아니라 목소리 톤, 제스처, 표정 등을 면밀하게 관찰함으로써 보다 다양하고 객관적인 정보를 얻을 수 있다.

앨버트 메라비언(Albert Mehrabian)의 연구에서는 커뮤니케이션에서 언어와 비언어적 요소의 영향은 다음과 같이 구분하였다.

말의 내용이나 사용된 단어 그리고 문장의 구조와 같은 언어적인 커뮤니케이션은 의사소통에 있어 7%를 차지하고, 나머지 비언어적 커뮤니케이션이 93%를 차지한다고 했다. 비언어적 커뮤니케이션으로는 목소리톤이나 말의 속도 등 음성적 요인이 38%이고, 표정이나 외모와 복장 등 눈으로 보이는 요인이 55%를 차지한다고 했다. 물론 기존에 대면면접을 통해 비언어적인 측면이 반영되지 않은 것은 아니지만, 주로 면접관의 개인적 경험을 토대로 판단하였다.

미국의 투자은행 골드만삭스는 비디오 인터뷰를 도입한 대표적인 회사다. 전통적인 투자은행들이 채용에서 AI 도입을 가속화함에 따라 골드만삭스 역시 유능한 인재를 유치하는 데 힘을 쏟기 시작했다. 골드만삭스는 MIT, 카네기멜론, 스탠퍼드 출신의 우수한 인물들을 적극적으로 채용하기 위해서는 보다 더 매력적이고 획기적인 채용 방안을 고민하였는데, 그 결과 '하이어뷰'라는 미국의 인공지능 기술 회사를 통해서 골드만삭스에 맞는 개인화 AI 면접 서비스를 개발하여 적용하였다. 도입 이후 골드만삭스는 이전보다 훨씬 유능한 인재를 유치 가능하였을 뿐만 아니라 짧은 기간 내에 더 많은 지원자에 대해 면접이 가능하여 면접관도 보다 수월하게 진행할 수 있었다. 또한 지원한 학생들도 장소와 분위기를 미리 예측하고 준비할 수 있었기 때문에 좀 더 편안하게 면접에 참가할 수 있었다.

🔹 사라지는 인터뷰의 시공간적 제약

AI를 통한 비디오 인터뷰의 활성화와 대중화로 채용 과정의 지리적 어려움을 크게 줄여주었다. 기업은 전 세계 어디에서나 인재를 찾을 수 있게 되었고, 지원자 또한 거주지에 구애받지 않고 다양한 기회에 지원할 수 있게 되었다. 이는 특히 글로벌 기업이나 인재 풀이 부족한 특정 분야의 기업에 큰 장점으로 활용될 수 있다. 물론 예전에도 비디오 면접은 있어 왔지만, AI 기술 접목된 면접 방식은 더욱 대중화되고 면접에 적용되는 AI기술은 비약적으로 발전하게 되었다.

회사는 회사가 원하는 인재상과 면접 내용을 공지하면 세계 곳곳에서 면접자가 스스로 비디오 면접 프로그램에 참여한다. 이는 마치 실제로 면접을 하는 것과 같은 효과를 나타낸다. 예를 들면, 비디오 녹화를 시작하면 AI가 질문을 하고 면접자는 대답을 한다. AI가 정해진 질문뿐만 아니라 그 사람의 업무와 성격 및 배경을 미리 파악해서 자동으로 질문을 하면 면접자는 그에 대해 임기응변 식으로 답변을 한다. 그리고 나서 면접자의 언어적 측면과 비언어적 측면을 AI가 빅데이터를 기반으로 분석하여 기업에 면접자의 정보를 제공하는 것이다. 기업의 인사 담당자는 AI가 미리 인터뷰하고 분석한 자료를 보고 판단할 수 있으며, 다음 대면 면접 때에는 더 효율적인 면접을 진행하여 조직과 업무에 적합한 인재를 찾을 수 있다.

최근에는 취준생 사이에서도 비디오 면접 준비를 위해 사설 학원을 다니거나 스터디 그룹이 결성되고 있는 것을 쉽게 볼 수 있다. AI 비디오 인터뷰는 지원자 평가에 있어서 객관성을 크게 향상시켰다. 언어적 능력뿐만 아니라 비언어적 커뮤니케이션 능력까지 종합적으로 평가할 수 있게 되어, 기업은 더욱 다각적이고 깊이 있는 지원자 분석이 가능해졌다. 다음으로 시·공간적 제약의 극복은 글로벌 인재 채용의 새로운 지평을 열었다. 기업은 전 세계의 인재풀에 쉽게 접근할 수 있게 되었고, 지원자들도 위치에 구애 받지 않고 다양한 기회에 도전할 수 있게 되었다.

그러나 이러한 변화는 또한 새로운 과제도 제시한다. 대량적인 개인정보 취득으로 관리가 소홀하거나 무분별하게 개인정보 관리가 방치될 수 있다. 특히 언어적으로 표현이 되다 보니 중요한 정보가 쉽게 노출될 수 있다. 그리고 비디오 면접에도 AI 알고리즘의 편향성 문제를 피할 수 없다. 개발자가 편향되게 개발하면 AI는 편향된 후보자를 선택할 가능성이 높아진다. 그리고 기술에 익숙하지 않은 지원자들에 대한 배려도 필요하다. 최근 식당 등에 키오스크가 보편화되고 있지만, 고령자나 장애인에게는 아직도 접근하기 어려운 부분이 있듯이, 아직 AI 면접에 취약한 고령층이 있다. 또한 현재까지는 AI가 인간 면접관을 완전히 내체할 수 없다는 점을 인식하고, AI와 인간의 균형 있는 역할의 계획과 실행이 필요하다.

신입사원 여러분,
교육 담당자 챗봇을 소개합니다

온보딩은 경력이 있든 없든 새로 회사에 입사한 사람들이 새로운 조직과 사람에 적응하고 업무를 수행, 준비하는 과정이다. 주로 새로 합류한 직원들에게 회사의 업무 프로세스, 정책, 문화 등을 소개하고 필요한 교육과 훈련을 제공한다. 신입사원의 원활한 조직 적응과 역량 개발은 기업의 성장과 직결된다. 그러나 기존의 온보딩 과정은 여러 한계로 주먹구구식으로 운영되어 온 면이 없잖아 있다. 일률적인 교육으로 개인의 특성을 고려하지 못했고, 제한된 자원으로 인해 실시간 피드백이나 구체적 지원에 어려움이 있었다. 또한 신입사원들이 궁금한 점을 해소하기 위한 소통 창구가 부족했다. AI는 데이터 분석과 맞춤화된 피드백을 통해 개인별 맞춤형 온보딩을 가능하게 하고, 챗봇 등의 AI

에이전트를 통해 신입사원과의 실시간 소통을 시도할 수 있게 되었다.

⬖ 개인별 맞춤 교육 제공

AI 기반 시스템은 신입 직원의 빠른 적응을 돕기 위해 개인별 맞춤형 학습 콘텐츠를 제공할 수 있다. 즉, 직원의 배경 지식, 역량, 그리고 학습 선호도를 분석하여 개인별 맞춤 교육 프로그램을 제공한다. 신입사원에게 외부에서 제공하는 교육 프로그램을 AI가 체계적으로 구분하여 개인에 맞게 제공할 수 있다. 하지만 무엇보다 배정된 부서에서 해당 부서와 관련된 사내 교육을 적절히 제공하는 것이 더욱 중요하다. 사내에서 제공되는 프로그램이나 자료가 AI를 통해서 체계화되고 자료가 잘 준비된다면 그 효과는 배가될 것이다. 그리고 예전에는 사내에서 준비된 프로그램이나 자료가 외부 자료보다 질적으로 떨어질 수 있었는데, 이제는 신입을 위한 자료를 만드는 사수나 팀장이 AI 기술을 적극 활용하여 더욱 풍부하고 질적으로 높은 수준의 교육 자료를 만들 수 있다. 결국 신입 직원은 자신의 업무와 관련된 지식과 기술을 보다 효과적으로 습득할 수 있고, 조직의 업무 프로세스를 빠르게 파악하여 개인의 업무 성과에 도움이 된다. 이는 조직 전체에도 긍정적인 영향을 미쳐 조직성과도 개선될 것이다. 또한 AI 기술은 신입 직원의 학습 진도를 모니터링하여 참여도 등에 관하여 객관적인 평가가 가능하다. 이뿐만 아니라 질적인 학습 평가 과정을 통해서 개인별 맞춤 교육의 성과를 높일 수 있다. 그리고 반대로 신입직원은 AI 기반 피드백 시스템을 통해 정기적으로 적시에 자신의 성과에 대한 평가와 피드백을 받아 볼 수 있다.

🐾 누구나 활용할 수 있는 채봇

신입사원 온보딩에 AI 챗봇의 활용을 눈여겨볼 필요가 있다. 타 회사에 경력이 있는 신입사원도 처음 입사한 회사에서 자유롭게 행동하기에는 어려운데, 이제 사회생활을 막 시작한 경력이 없는 신입사원의 경우에는 더욱 그러하다. 신입사원의 경우에는 무엇을 물어볼 줄도 모르고 설령 물어보더라도 동료 직원들이 한두 번은 친절하게 설명할 수 있지만, 여러 번 반복이 되면 본인도 회사 업무에 바쁜 상황에서 도저히 친절함을 유지하기는 어렵다. 그러다 보면 신입사원은 위축이 되기도 하고, 일부 편향된 정보나 잘못된 정보를 접해 정확한 판단을 할 수 없다. 심지어 신입사원은 이직을 생각할 수도 있다.

하지만 AI 챗봇을 통해 신입 직원은 언제든지 질문을 하고 필요한 정보를 얻을 수 있다. 이는 초기 입사 시에 신입사원이 궁금한 질문을 신속하게 해결해 줄 수 있고, 그들이 느낄 수 있는 괴리감이나 불안감을 줄여줄 수 있다.

IBM은 자사의 AI 플랫폼인 Watson을 활용하여 신입사원에게 개인 맞춤형 온보딩 경험을 제공하였다. Watson은 신입사원의 역할, 부서, 업무 내용 등을 기반으로 맞춤형 학습 자료와 정보를 제공하였다. 또한 IBM은 Watson 기반의 챗봇을 통해 신입사원들이 궁금한 점을 실시간으로 해결할 수 있도록 하였다. 신입사원은 챗봇을 통해 회사 정책, 혜택, IT 지원 등 다양한 질문에 대한 답변을 즉각적으로 받을 수 있었다. 또한 AI를 활용하여 신입사원의 학습 속도, 이해도, 참여도를 분석하고, 이를 바탕으로 온보딩 자료를 지속적으로 업데이트하여 축적해 나갔다. 이러한 AI 기반 온보딩 시스템의 효과로 신입사원들이 회사와 업무에 더 빨리 적응할 수 있고, HR 팀의 업무 부담을 줄일 수 있다고 한다.

개인별 맞춤형 교육 제공을 통해 신입사원은 자신에게 필요한 지식과 기술을 효과적으로 습득할 수 있다. 그리고 AI 기반 피드백 시스템을 통해 신입사원은 더 많은 소속감을 가질 뿐만 아니라, 자신의 성과를 객관적으로 평가받아 부족한 점을 조금이라도 더 빨리 수정하면서 온보딩 프로그램을 마칠 수 있다.

이처럼 AI 챗봇을 통한 실시간 소통은 신입사원의 궁금증을 즉각적으로 해소하고, 초기 입사 시 느낄 수 있는 괴리감이나 불안감을 줄여준다. 이는 신입사원이 조직에 빠르게 적응하고 성과를 내는 데 큰 역할을 하고 있다.

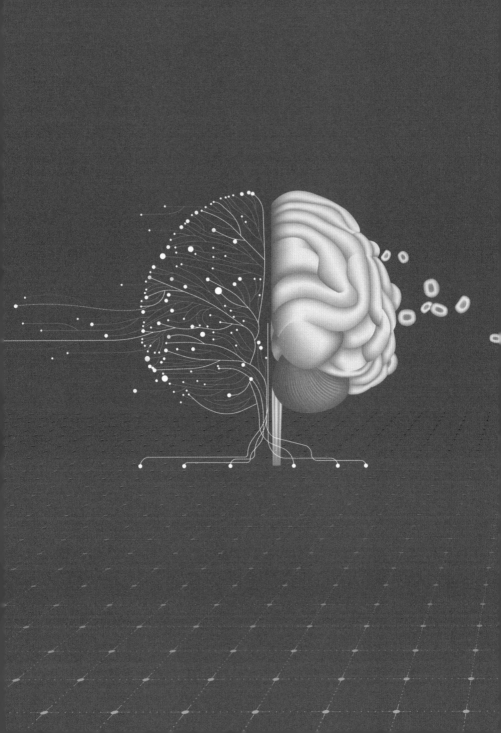

Chapter.3

AI가
인재 교육에 미치는 변화

이제 교육도
핵개인 프라이버시 시대

    기업과 HR 부서의 목표 중의 하나는 직원 개개인의 역량을 최대한 발휘할 수 있도록 해주는 것이다. 그러나 기존의 일률적인 교육 방식으로는 개인의 다양한 학습 스타일, 지식 수준, 관심사를 충족시키기 어려웠다. 최근 기업 교육의 패러다임이 급속도로 변화하고 있으며, 특히 일괄적 교육 방식에서 벗어나 개인 맞춤형 교육이 선호되고 있다.

    AI 기반 맞춤형 교육 프로그램은 개인의 학습 데이터와 행동 패턴을 분석하여 최적화된 학습 경로를 제시할 수 있다. AI 기반 교육 시스템은 기업의 전략적 목표와 직원 개개인의 역량 개발을 효과적으로 연계하는 도구로 활용될 것이다.

⬣ 개인 맞춤형 교육 프로그램

AI는 개인 각각의 학습 데이터와 행동 패턴을 분석하여 그들의 강점, 약점, 그리고 선호도를 파악할 수 있다. 이를 바탕으로 AI 시스템은 개인별로 최적화된 학습 경로와 콘텐츠를 설계할 수 있다. 기업교육에 있어서 개인화는 오래전부터 발전되어 오고 있었지만, 실제 실행을 위한 툴은 상당히 부족했었다. 하지만 AI는 기존보다 더욱 세부적인 데이터를 분석하기도 하고 콘텐츠를 직접 생성할 수 있다. 더 나아가 AI는 개인의 지식 수준과 역량을 평가하여 적절한 난이도와 심화 정도의 콘텐츠를 제공함으로써 효율적인 학습이 가능하도록 한다.

예를 들어 LinkedIn Learning은 AI 알고리즘을 통해 사용자의 업무 경험과 기술 수준을 분석하여 적합한 교육 콘텐츠를 추천한다. 개인 맞춤형 학습 경로를 통해 사용자는 필요한 기술을 빠르게 습득하고, 자신의 경력 개발과 관련된 교육을 추천받을 수 있다고 한다.

물론 AI가 생성한 모든 자료가 현재 교육 대상자에게 딱 맞는 자료라고는 할 수 없다. 일부는 사용할 수 있고 일부는 사용 안 할 수 있지만, 무엇보다 교육 담당자와 본인에게 교육의 방향과 실제에 있어서 Insight와 계획안을 제공해 줄 수 있고 전혀 생각하지 못한 부분이나 놓치기 쉬운 부분을 제시해 줄 수 있다.

이런 부분을 이제는 교육 담당자만이 고민할 부분이 아니라 피교육자나 현재 재직 중인 직원들도 같이 고민할 수 있다. 예전에는 아이디어가 있어도 구현할 수 있는 방법이 어렵거나 비용이 많이 들어가서 피교육자나 다른 직원의 참여에 한계가 있었다. 하지만 이제는 AI에게 어떤 아이디어 제시하고 명령하느냐에 따라서 결과물이 품질이 매우 달라지기 때문에 더 많은 사람들의 참여하여 다양하고 질적인 아이디어를 모아서 구성이 원하는 교육을 만들어 갈 수 있다.

🔖 AI 기반 기업용 맞춤형 교육 프로그램

AI 기반 기업용 맞춤형 교육 프로그램은 직원들의 현재 업무 성과, 경력 경로, 그리고 회사의 전략적 목표를 분석하여 개인화된 학습 계획을 수립한다. 시스템은 각 직원의 학습 진도와 성과를 실시간으로 추적하고, 이를 바탕으로 학습 내용과 난이도를 조정한다. 그리고 직원들의 학습 참여도를 모니터링하며, 참여가 저조한 경우 개인의 성향과 관심사에 맞는 동기부여 전략을 제시한다. 예를 들어, 경쟁 심리가 강한 직원에게는 부서 내 학습 리더보드를, 자기계발에 관심이 많은 직원에게는 학습을 통한 경력 발전 경로를 보여준다.

또한 직원들의 학습 패턴을 분석하여 가장 효과적인 학습 시간과 방법을 추천한다. 짧은 시간에 집중적으로 학습하는 것이 효과적인 직원에게는 마이크로 러닝 콘텐츠를, 심층적인 학습을 선호하는 직원에게는 장기 프로젝트 기반의 학습을 제공한다. 학습한 내용을 실제 업무에 적용할 수 있는 기회를 제공하고, 이를 통해 얻은 성과를 분석하여 추가적인 학습 방향을 제시한다.

아마존은 AI를 활용한 맞춤형 교육 프로그램을 통해서 직무에 필요한 기술과 역량을 분석하고, 직원의 경력 개발에 맞춘 교육 프로그램을 추천하여 직원들의 지속적인 성장을 돕고 있다. 이외에도 다른 많은 글로벌 및 국내 대기업에서 맞춤형 교육 프로그램을 활용하고 있다.

이제는 AI가 개인의 학습 데이터와 행동 패턴을 분석하여 최적화된 학습 경로를 제시하고, 실시간 모니터링을 통해 즉각적인 피드백과 동기부여를 제공함으로써 학습 효과를 높여주고 있다.

더불어 AI 기술의 발전은 교육 담당자뿐만 아니라 피교육자와 현재 재직 중인 직원들의 참여를 촉진하고 있다. 이는 더 많은 아이디어와 다양한 관점을 교육 프로그램에 반영할 수 있게 하여 기업 교육의 질을 한층 더 높일 수 있다.

3분 안에 끝장내는
피드백 시스템

기업 교육의 성공 여부는 교육 프로그램의 질적 수준뿐만 아니라 학습자 개개인의 이해도와 참여도에 달려 있다. 그러나 기존의 교육 방식에서는 개별 학습자의 진행 상황을 실시간으로 파악하고 적절한 피드백을 제공하는 데 한계가 있었다. 이로 인해 학습 효율성과 효과성이 저하되는 문제가 있었다.

◈ AI를 활용한 실시간 피드백의 혁신

AI 기술의 발전으로 기업 교육에서 실시간 피드백이 가능해졌다. 이는 학습자들에게 즉각적인 평가와 개선 방향을 제시함으로써 학습 효과를 크게 향상시키고 있다. 기존 교육 방식에서는 교육 후 일정 시간이 지난 뒤에야 피드백을 받을 수 있었지만,

AI를 활용한 실시간 피드백 시스템은 학습 과정 중 즉각적인 피드백을 충분히 받을 수 있다.

AI는 학습자가 실수를 범하는 즉시 이를 감지하고 교정을 요청할 수 있다. 이는 잘못된 정보나 기술이 학습자에게 바로 수정할 수 있어서 훨씬 효과적이다. 그리고 AI는 각 학습자의 수준과 진도에 맞춰 개별적인 피드백이 가능하다. 이로 인해 학습자는 자신의 페이스에 맞는 최적화된 학습을 경험할 수 있다. 또 실시간으로 자신의 진척도와 성과를 확인할 수 있어 학습자의 동기부여와 참여도가 높아진다. 게다가 강사나 평가자가 일일이 피드백을 제공하는 것에 비해 AI를 활용한 실시간 피드백은 시간과 비용을 크게 절감할 수 있다.

글로벌 컨설팅 회사 맥킨지(McKinsey)는 AI 기반의 실시간 피드백 시스템을 도입하여 직원들의 프레젠테이션 스킬을 향상시키고 있다. 이 시스템은 직원들의 발표를 실시간으로 분석하여 음성 톤, 말하기 속도, 보디랭귀지 등에 대한 즉각적인 피드백을 제공한다. 이를 통해 직원들은 자신의 커뮤니케이션 스킬을 지속적으로 개선할 수 있게 되었고, 결과적으로 고객 미팅에서의 성과도 향상되었다. 또한 글로벌 기술 기업 IBM은 AI 기반의 언어 학습 플랫폼을 개발하여 직원들의 외국어 능력 향상을 꾀하고 있다. 이 플랫폼은 음성 인식 기술과 자연어 처리 기술을 활용하여 참여자의 문법, 발음, 어휘 능력 등을 실시간으로 분석하고 피드백을 제공한다. 그 결과, IBM 직원들의 언어 능력이 빠르게 향상되었고, 이는 글로벌 비즈니스 성과 개선으로 이어졌다고 한다.

🔖 데이터 중심의 학습 분석과 피드백의 발전

AI 기술은 기업 교육에서 방대한 양의 데이터를 수집하고 분석하여 더욱 효과적인 학습 분석과 피드백을 가능하게 한다. 이는 전체적인 교육 프로그램의 효과성을 평가하고 개선하는 데 큰 도움을 준다.

데이터 중심의 학습 분석과 피드백의 발전에서 AI는 각 학습자의 학습 패턴, 선호도, 강점과 약점을 잘 분석할 수 있다. 이를 통해 개인별 맞춤형 학습 경로를 설계하고 제안할 수 있다. 그리고 축적된 데이터를 기반으로 AI는 학습자의 미래 성과를 예측할 수 있다. 이를 통해 학습 중 발생할 수 있는 문제점을 사전에 파악하고 대응할 수 있다. 아울러 전체 학습자의 데이터 분석을 통하여 교육 프로그램의 효과를 파악하고, 필요한 개선사항을 식별할 수 있다. 이뿐만 아니라 인간의 주관적 판단이 아닌 데이터에 기반한 객관적인 평가가 가능해져, 더욱 공정하고 정확한 피드백을 제공할 수 있다.

실제 기업 사례로, 글로벌 온라인 교육 플랫폼 코세라(Coursera)는 AI를 활용한 데이터 중심으로 한 학습 분석 프로그램을 도입하여 교육 효과를 높이고 있다. 이 시스템은 수백만 명의 학습자 데이터를 분석하여 각 코스의 효과성을 평가하고, 학습자들의 참여도와 성취도를 향상시키기 위한 최적의 교육 방법을 시도하고 있다. 그 결과, 코세라는 지속적으로 교육 콘텐츠의 품질을 개선하고 학습자들의 만족도를 높이고 있다. 또한, 글로벌 금융 기업 JP모건체이스는 AI 기반의 직원 역량 분석 시스템을 도입하여 인재 육성에 활용하고 있다. 이 시스템은 직원들의 업무 성과, 교육 이수 현황, 역량 평가 결과 등 다양한 데이터를 종합적으로 분석하여 각 직원에게 필요한 교육 프로그램을 추천하고, 경력 개발 경로를 제시한다. 이를 통해 JP모건은 직원들의 역량을 효과적으로 개발하고, 인재 유출을 방지하며, 조직의 전반적인 생산성을 향상시켰다고 한다.

AI 기술의 발전은 기업 교육에 혁명적인 변화를 가져오고 있다. 특히 실시간 피드백과 데이터 기반 학습 분석 및 피드백 시스템의 도입은 기업들이 더욱 효과적이고 효율적인 교육을 제공할 수 있게 해주고 있다.

실시간 피드백 시스템은 학습자들에게 즉각적인 개선 기회를 제공하여 학습 효과를 극대화하고 있으며, 데이터 기반 학습 분석은 개인화된 학습 경험을 가능하게 하고 교육 프로그램의 전반적인 품질을 향상시키고 있다. 맥킨지, IBM, 코세라, JP모건체이스 등의 사례에서 볼 수 있듯이, 이미 많은 글로벌 기업들이

AI를 활용한 교육 시스템을 도입하여 긍정적인 결과를 얻고 있다.

그러나 AI 기술의 도입이 인간 교육자의 역할을 완전히 교체할 수 있다고 말할 수는 없다. 오히려 AI는 인간 교육자를 보완하고 지원하는 도구로서, 교육의 효과성을 높이고 학습자들에게 더 나은 서비스를 제공하는 데 도움이 될 것이다. 앞으로 기업들은 AI 기술과 인간의 전문성을 적절히 결합하여 더욱 혁신적이고 효과적인 교육 시스템을 구축해 나갈 것으로 예상된다. 기업들은 AI 기술의 잠재력을 충분히 인식하고, 이를 적극적으로 교육 시스템에 통합하여 활용해 나가야 할 것이다.

가상 환경과
시뮬레이션이 만날 때

AI 기술의 발전으로 가상 학습 환경과 시뮬레이션을 활용한 교육 방식이 많은 관심을 받고 있다. 이러한 디지털 기반의 학습 방식은 기존의 교육 방법과는 차별화된 경험을 제공하며, 기업의 교육 효율성을 크게 향상시키고 있다.

가상 학습 환경과 시뮬레이션은 모두 현실을 모방한 디지털 공간에서 학습이 이루어진다는 공통점을 가지고 있다. 그러나 각각의 특성과 목적에 따라 구체적인 구현 방식과 활용 영역에서 차이를 보인다. 가상 학습 환경은 보다 광범위한 학습 경험을 제공하는 데 중점을 두는 반면, 시뮬레이션은 특정 상황이나 과정을 정확히 재현하는 데 초점을 맞춘다.

✤ 가상 학습 환경과 시뮬레이션

AI 기반 가상 학습 환경은 실제 업무 상황을 사실적으로 모방하여 구현한다. 직원들은 이 가상 환경 내에서 다양한 시나리오와 과제를 경험할 수 있다. 가상 학습 환경은 컴퓨터로 만든 3D 공간에서 학습자가 자유롭게 돌아다니며 학습할 수 있는 환경을 말한다. AI는 이러한 가상 환경을 더욱 현실적이고 실감 나게 만들어준다.

예를 들어, 서비스 직원들은 고객 응대 시뮬레이션을 통해 실전과 같은 상황을 연습할 수 있고, 기술 직원들은 가상 공장 환경에서 장비 운영 및 문제 해결 과정을 익힐 수 있다. 그리고 가상의 회의실에서 AI로 만든 가상의 동료들과 함께 회의 연습을 할 수도 있다. AI는 실제 사람처럼 반응하고 대화하며, 학습자의 행동에 따라 다양한 상황을 만들어 낼 수 있다.

시뮬레이션은 실제 상황을 모방한 가상의 환경에서 학습하는 방법이다. AI는 더욱 정교하고 현실적인 시뮬레이션을 만들어준다. 예를 들어, 비행기 조종사 훈련에서는 AI가 만든 다양한 날씨와 비상 상황을 경험할 수 있다. 의료진 훈련에서는 AI로 만든 가상의 환자를 진료하며 실전 경험을 쌓을 수 있다. 시뮬레이션은 실제 상황에서 경험하기 어렵거나 위험한 경우에 특히 유용하다. 그리고 기업의 안전교육에도 적극 활용된다. 실제 위험한 상황을 가상으로 실제 체험하듯이 간접 체험하여 교육의 효과를 높일 수 있다.

한편 가상 학습 환경과 시뮬레이션을 통해 직원들은 실제 상황에서 겪을 수 있는 다양한 경험을 미리 해볼 수 있다. 현실 상황에서는 연습하기 어려워하는 부분도 가상 학습 환경과 시뮬레이션 훈련을 통해서 비용의 추가 없이 반복적으로 연습할 수 있다. 게다가 실수를 해도 괜찮기 때문에 직원들은 더 자유롭게 시도하고 배우는 것이 가능하다.

🔧 가상 학습 환경과 시뮬레이션의 차이

가상 학습 환경과 시뮬레이션은 디지털 기술을 활용한 교육 방식으로, 여러 공통점과 차이점을 가지고 있다. 두 방식 모두 현실을 모방한 디지털 환경에서 학습이 이루어지지만, 세부적인 특징에서 차이를 보인다.

먼저 공통점은 두 방식 모두 컴퓨터와 디지털 기술을 이용해 가상의 환경을 만든다는 것이다. 이를 통해 실제 상황에서 위험할 수 있는 내용을 안전하게 학습할 수 있으며, 원하는 만큼 반복해서 연습할 수 있어 실수를 줄이고 능력을 향상시킬 수 있다. 또한 학습자의 행동에 따라 환경이 반응하고 변화하는 상호작용성을 갖추고 있으며, 실제 환경을 구축하는 것보다 비용이 적게 든다는 장점이 있다.

반면 차이점도 몇 가지 있는데, 먼저 목적을 들 수 있다. 가상 학습 환경은 주로 전반적인 학습 경험을 제공하는 데 중점을 두는 반면, 시뮬레이션은 특정 상황이나 과정을 정확히 재현하는 데 초점을 맞춘다. 범위 면에서도 차이가 있는데, 가상 학습 환경은 가상 교실, 온라인 토론 등 더 넓은 범위의 학습 활동을 포함할 수 있지만, 시뮬레이션은 주로 특정 작업이나 상황에 대한 훈련에 집중한다.

현실성의 정도에서도 차이를 보인다. 가상 학습 환경은 현실과 다른 요소들을 포함할 수 있으며, 때로는 환상적인 요소도 가미될 수 있다. 반면 시뮬레이션은 가능한 한 현실과 똑같이 만들려고 노력한다. 그리고 자유도 측면에서도 가상 학습 환경이 학습자에게 더 많은 자유와 탐험의 기회를 제공할 수 있지만, 시뮬레이션은 주로 정해진 시나리오나 과정을 따라가게 된다.

가상 학습 환경과 시뮬레이션은 실제 업무 환경을 사실적으로 모방하여 직원들에게 안전하고 효과적인 학습 경험을 제공한다. 이를 통해 직원들은 실제 상황에서 발생할 수 있는 다양한 시나리오를 미리 경험하고 대비할 수 있다. 또한 반복 학습이 가능하고 실수에 대한 부담이 적어 더욱 자유롭게 학습할 수 있다는 점도 큰 장점이다.

두 방식은 목적, 범위, 현실성의 정도, 자유도, 평가 방식 등에서 차이를 보이지만, 모두 AI 기반의 디지털 기술을 활용하여 현실을 모방한 환경에서 학습이 이루어진다는 공통점을 가지고 있다. 이러한 차이점과 공통점을 이해하고 적절히 활용함으로써, 기업은 각 상황과 목적에 맞는 최적의 교육 방식을 선택할 수 있다.

AR(증강현실)과 VR(가상현실)의 시대

앞에서 가상 학습 환경, 시뮬레이션의 의미와 활용 사례를 살펴봤다. 여기에 추가로 AR(증강현실)과 VR(가상현실)이 최근에 많이 사용되고 있다. 'AR'은 'Augmented Reality'의 약자이고 'VR'은 'Virtual Reality'의 약자이다. 모두 디지털 기술을 활용한 학습 및 체험 방식이지만, 각각의 특징과 활용 방식에서 차이를 보인다.

🔖 공통점과 차이점

공통점으로는 모두 현실 세계를 디지털 기술로 재현하거나 보완한다는 점이다. 이를 통해 사용자에게 새로운 경험과 학습 기회를 제공한다. 또한 이 기술들은 모두 유기적으로 연관되어 있어 사용자의 행동에 따라 환경이 반응하고 변화한다. 그리고 실제 환경에서 경험하기 어렵거나 위험한 상황을 안전하게 체험할 수 있게 해준다는 점도 공통적이다.

차이점을 살펴보면, 먼저 가상 학습 환경은 주로 교육 목적으로 설계된 디지털 공간이다. 이는 다양한 학습 활동을 포함할 수 있으며, 현실과 유사할 수도 있고 완전히 새로운 환경일 수도 있다. 시뮬레이션은 특정 상황이나 과정을 정확히 재현하는 데 초점을 맞추며, 주로 특정 기술이나 절차를 훈련하는 데 사용된다.

AR은 현실 세계에 디지털 정보나 이미지를 덧붙이는 기술이다. 사용자는 실제 환경을 보면서 동시에 추가된 디지털 정보를 볼 수 있다. 이는 현실 세계와 가상 요소를 결합한 정보를 제공한다. 반면 VR은 완전한 가상 세계를 구현한다. 사용자는 현실 세계와 완전히 차단된 채 컴퓨터로 만들어진 3D 환경에 몰입하게 된다.

활용 측면에서도 차이가 있다. 가상 학습 환경은 주로 교육 분야에서 사용되며, 시뮬레이션은 훈련이나 실험 목적으로 많이 활용된다. 그리고 AR은 실제 환경에 정보를 추가하는 형태로 다양한 분야에서 사용되고 있으며, VR은 게임, 엔터테인먼트, 훈련 등 완전한 몰입이 필요한 분야에서 주로 활용된다.

기술적 측면에서 AR과 VR은 특수한 장비(AR 글래스, VR 헤드셋 등)가 필요한 경우가 많지만, 가상 학습 환경과 시뮬레이션은 일반 컴퓨터나 모바일 기기로도 접근 가능한 경우가 많다.

각각의 특성에 따라 다양한 분야에서 활용되고 있으며, 때로는 서로 결합되어 더욱 효과적인 학습과 체험을 제공할 수 있다. 앞으로 기술의 발전에 따라 이들은 서로 상호 보완적이고 통합적으로 활용될 것이다.

🔰 AR(증강현실) & VR(가상현실)

AR과 VR 기술은 실제 환경에 가상 정보를 겹쳐 보여주거나 현실과 유사한 3D 환경을 구현하여 직원들에게 보다 실감 나고 효과적인 학습 경험을 제공한다. 이는 특히 복잡한 기술이나 절차를 습득해야 하는 산업 분야에서 큰 효과를 발휘하고 있다.

실제로 많은 기업들이 AR과 VR 기술을 교육에 도입하고 있다. 예를 들어, 보잉은 AR 헤드셋을 사용하여 항공기 배선 조립 과정을 교육한다. 이를 통해 작업 시간을 25% 단축하고 오류율을 거의 0%로 줄였다. 자동차 제조업체 포드는 AR 기술을 이용해 새로운 차량 디자인을 검토하고 엔지니어들을 교육한다. 이로써 디자인 프로세스 시간을 단축하고 비용을 절감했다. 의료 분야에서도 AR이 활발히 사용되고 있다. 존슨앤존슨은 외과 의사 훈련에 AR을 도입했다. 실제 수술 상황을 시뮬레이션하여 의사들이 더 효과적으로 기술을 습득할 수 있게 했다. 소매업체 월마트는 직원 교육에 AR을 활용하여 고객 서비스 스킬을 향상시켰다.

UPS는 VR로 배송 트럭 운전사 훈련 프로그램을 만들어 위험 감지 능력을 향상시켰다.

제조업 분야에서도 VR이 활발히 사용되고 있다. 폭스바겐은 VR을 이용해 생산라인 작업자들을 교육한다. 실제 공장 환경을 가상으로 구현해 안전하게 훈련할 수 있게 했다. 보잉은 VR로 항공기 정비사들을 훈련시켜 작업 효율성을 높였다.

서비스 업종에서도 VR 교육이 확산되고 있다. 힐튼 호텔은 VR로 직원들에게 고객 응대 기술을 교육한다. 다양한 상황을 시뮬레이션하여 효과적인 서비스 제공 방법을 습득하게 하였다.

AR과 VR 기술은 기업 교육에 혁신적인 변화를 가져오고 있지만, 이를 기업 교육에 도입하는 데에는 몇 가지 과제도 있다. 고품질의 AR 콘텐츠를 개발하는 데 상당한 초기 투자가 필요하며, 기술적 문제나 장비의 불편함 등으로 인해 사용자 경험이 저하될 수 있다. 기존 교육 시스템과의 통합이나 대규모 구현에 기술적 어려움이 있을 수 있다. 따라서 모든 직원이 새로운 기술에 쉽게 적응하지 못할 수 있어 세심한 도입 전략이 요구된다.

그럼에도 불구하고 AR & VR은 더욱 광범위하게 활용될 것으로 보인다. 단순히 기술 도입이 아니라 기존의 교육 방식과 적절히 융합하여 최적의 학습 효과를 추구해야 될 것이다.

AI 코치가 불어넣는
동기부여의 힘

직원의 동기 부여와 참여도는 기업 교육의 성공을 좌우하는 핵심 요인이다. 그러나 기존의 교육 방식에서는 획일적인 콘텐츠와 일방적인 전달 방식으로 인해 학습자의 흥미와 몰입도를 떨어뜨리는 문제가 있었다. AI 기술은 기업의 교육 방식을 근본적으로 변화시키고 있으며, 이는 직원들의 동기부여에도 상당한 영향을 미치고 있다. AI를 활용한 새로운 학습 경험은 직원들의 참여도를 높이고, 개인화된 학습 경로와 계획을 제공하며, 실시간 피드백을 통해 지속적인 성장을 촉진한다. 이러한 변화는 직원들의 학습 의욕을 높이고, 궁극적으로 기업의 전반적인 성과 향상으로 이어지고 있다.

인사담당자가 가장 어렵게 느끼는 것 중에 하나가 어떻게 직원들을 적극적으로 교육에 참여하고 성과를 높이느냐이다. 동기부여를 위해서 성과인 인사고과에 반영되도록 노력을 하지만, 이는 한계가 있다. 직원들의 교육의 동기부여가 반영되도록 교육의 전체적인 시작과 끝을 세밀하게 설계해야 하는데, 이때 AI 기술이 필수적이다.

🔖 개인화를 통한 학습 동기부여

앞에서 언급했듯이 AI 기술 발달의 가장 큰 특징 중에 하나는 거의 모든 영역에서 빅데이터를 기반으로 개인화를 가져왔다는 점이다. 이는 교육에 임하는 직원들의 동기부여를 높일 수 있는 주된 원동력이 될 수 있다. AI 기술의 도입으로 기업은 각 직원의 학습 스타일, 속도, 강점 및 약점을 고려한 맞춤형 교육 프로그램을 제공할 수 있게 되었다. 이러한 개인화된 학습 프로그램은 직원들의 학습 효율성을 높이고 동기부여에 긍정적인 영향을 미친다.

예컨대, IBM의 'Your Learning' 플랫폼은 AI를 활용하여 각 직원의 역할, 기술 수준, 경력 목표 등을 고려한 맞춤형 학습 경로를 제시한다. 이를 통해 직원들은 자신의 성장에 가장 필요한 기술들을 효과적으로 습득할 수 있으며, 이는 학습 동기 향상으로 이어졌다.

AI 챗봇을 활용한 학습 지원 시스템은 직원들이 언제 어디서나 필요한 정보와 지식을 얻을 수 있게 해준다. 예를 들어, 듀폰

(DuPont)은 AI 챗봇 'HAL'을 도입하여 직원들의 학습과 업무 수행을 지원하고 있다. 이러한 즉각적인 지원 시스템은 직원들의 학습 의욕을 높이고 자기주도적 학습을 촉진시킬 수 있다.

AI는 또한 게이미피케이션 요소를 학습에 접목시켜 직원들의 참여도를 높일 수 있다. 게임은 사용자에게 높은 몰입감을 가져오고 자발적이고 높은 동기부여를 가져오는 시스템이다. 이런 게임의 원리를 교육 프로그램에 적용시키는 것이다. 예를 들어, 디지털 마케팅 기업 HubSpot은 AI를 활용한 게임화된 학습 프로그램을 통해 직원들의 기술 향상과 동기부여를 동시에 만족시킨다. 이러한 접근 방식은 학습을 더욱 흥미롭고 도전적으로 만들어 식원들의 자발적 참여를 유도한다.

⚜ 실시간 피드백로 인한 학습 동기부여

AI 기술은 직원들의 학습 과정을 실시간으로 모니터링하고 즉각적인 피드백을 제공할 수 있게 해준다. 이는 직원들이 자신의 진도와 개선점을 명확히 파악하고, 지속적으로 동기부여를 받을 수 있게 한다. 예를 들어, 글로벌 컨설팅 기업 Accenture는 AI 기반의 'Performance Achievement' 시스템을 도입하여 직원들의 성과와 역량 개발을 실시간으로 추적하고 피드백을 제공한다. 이 시스템은 직원들의 업무 수행 데이터를 분석하여 개인화된 학습 추천과 경력 개발 조언을 제공한다. 이를 통해 직원들은 자신의 성장 경로를 명확히 인식하고, 더 높은 목표를 향해 동기부여를 받게 된다.

AI는 또한 직원들의 학습 성과를 객관적으로 측정하고 평가할 수 있게 해준다. 예를 들어, 글로벌 금융 기업 JP Morgan Chase는 AI를 활용하여 직원들의 기술 향상 정도를 정확히 측정하고, 이를 바탕으로 맞춤형 교육 프로그램을 제공한다. 이러한 객관적인 성과 측정은 직원들에게 명확한 목표와 성취감을 제공하여 지속적인 학습 동기를 부여하였다.

AI는 예측 분석을 통해 각 직원의 잠재력과 향후 성장 가능성을 파악할 수 있게 해준다. 예를 들어, 글로벌 IT 기업 Dell은 AI를 활용하여 직원들의 역량과 잠재력을 분석하고, 이를 바탕으로 개인화된 경력 개발 계획을 수립한다. 이는 직원들이 자신의 장기적인 성장 경로를 시각화할 수 있게 해주고, 이는 더 큰 목표를 향한 동기부여로 이어진다.

AI 기술은 직원들의 동기부여 측면에서 큰 영향을 미치고 있다. 개인화된 학습 경험, 실시간 피드백, 객관적인 성과 측정 등 AI가 제공하는 다양한 기능들은 직원들의 학습 의욕을 높이고 지속적인 성장을 촉진한다. 그러나 AI 기술의 도입만으로는 충분하지 않다. AI 기술과 인간의 상호작용을 적절히 조화시켜 기술의 장점을 최대화하면서도 인간적인 요소를 잃지 않는 균형잡힌 접근이 필요하다.

어떻게
평가할 것인가?

효과적인 기업 교육을 위해서는 교육 프로그램 및 학습자의 성과를 정확하게 평가하고, 이를 바탕으로 지속적인 개선이 이루어져야 한다. 그러나 기존의 평가 방식은 주관적이고 일회성인 경우가 많아 객관성과 연속성이 부족했다. 하지만 AI 기술은 교육 평가의 정확성과 객관성을 높이고, 방대한 양의 교육 관련 데이터를 효과적으로 관리하고 분석할 수 있게 해준다.

✦ AI가 교육 평가 결과에 미치는 영향

기존의 교육 평가 방식이 주로 시험이나 설문 조사 등에 의존했다면, AI를 활용한 평가 시스템은 학습자의 전반적인 행동과 성과를 실시간으로 분석하여 더욱 정확하고 다각적인 평가를 가능하게 한다.

AI는 학습자의 학습 패턴과 진도를 지속적으로 모니터링하고 분석한다. 예를 들어, 온라인 학습 플랫폼에서 AI는 학습자가 어떤 내용을 얼마나 오래 학습했는지, 어떤 부분에서 어려움을 겪었는지, 퀴즈나 과제의 성과는 어떠한지 등을 실시간으로 추적한다. 이를 통해 각 학습자의 강점과 약점을 파악하고, 개인화된 피드백을 제공할 수 있다. 그리고 AI는 자연어 처리 기술을 활용하여 학습자의 글쓰기나 발표 등을 평가할 수 있다.

IBM의 Watson AI 시스템은 학습자의 에세이를 분석하여 문법, 구조, 논리성 등을 평가하고 개선점을 제시할 수 있다. 이는 대규모 교육에서도 개별 학습자에게 상세한 피드백을 제공할 수 있게 해준다. 기존에 1 대 1 대응 평가는 기업 교육에서는 사실상 실현 가능성이 없었다. 학습자의 결과물을 하나하나 다 읽어가면서 거기에 코멘트까지는 해주는 것은 거의 불가능했다. 처음에는 AI의 평가나 피드백에 어색한 부분도 있지만, 시간이 지나면서 AI는 현재의 학습자들로부터 학습하게 되면서 점차 학습자 개인에게 적시에, 정확하고 적절하게 교육 과제물을 첨삭 지도해 줄 수 있다.

AI는 학습자의 감정 상태와 참여도를 분석하여 교육의 효과성을 평가할 수 있다. 얼굴 인식 기술과 음성 분석 기술을 활용하여 학습자의 표정, 목소리 톤, 자세 등을 분석함으로써 학습 내용에 대한 이해도와 흥미도를 측정할 수 있다. 이는 특히 온라인 교육 환경에서 학습자의 참여를 유도하고 교육 효과를 높이는 데 중요한 역할을 한다. 마치 개인 선생님이 학생의 성적뿐만 아니라 감정에 대해서 관심을 가지듯이 AI도 학습자의 표정, 목소리 톤과 자세까지도 분석이 가능하다. 이는 채용에서 비디오 면접을 통해 지원자의 감정을 분석하고 대응하는 것과 비슷하다고 할 수 있다.

🪄 AI가 교육 데이터 축적 관리에 미치는 영향

AI 기술의 발전은 기업 교육과 관련된 방대한 양의 데이터를 효과적으로 축적하고 관리할 수 있게 해주었다. 데이터를 저장, 관리뿐만 아니라 데이터에서 유의미한 통찰을 얻고 이를 교육 전략 수립에 활용할 수 있게 해준다.

AI는 다양한 소스에서 교육 관련 데이터를 수집하고 통합할 수 있다. 학습 관리 시스템(LMS), 인사 관리 시스템(HRMS), 업무 성과 평가 시스템 등 다양한 플랫폼에서 생성되는 데이터를 하나의 통합된 데이터베이스로 관리할 수 있다. 예를 들어, 글로벌 컨설팅 기업 Deloitte는 AI 기반의 'Talent Intelligence Platform'을 통해 직원들의 교육 이력, 업무 성과, 경력 개발 계획 등을 종합적으로 관리하고 있다.

AI는 빅데이터 분석 기술을 활용하여 교육 데이터에서 의미 있는 패턴과 트렌드를 발견할 수 있다. 예를 들어, 어떤 유형의 교육 프로그램이 특정 직무나 부서의 성과 향상에 더 효과적인지, 어떤 학습 방식이 특정 연령대나 직급의 직원들에게 더 적합한지 등을 분석할 수 있다. 이러한 기술을 활용함으로써 기업은 더욱 효율적인 교육 방식을 생각할 수 있다.

AI는 교육 데이터의 보안과 프라이버시 보호를 강화할 수 있다. 민감한 개인 정보를 포함하는 교육 데이터를 안전하게 관리하고, 데이터 접근 권한을 세밀하게 제어할 수 있다. 그리고 데이터 익명화 기술을 통해 개인 정보를 보호하면서도 유용한 통계 분석이 가능하다.

마지막으로 AI는 교육 데이터의 실시간 업데이트와 동기화를 가능하게 한다. 즉 클라우드 기반의 AI 시스템을 통해 여러 지역이나 부서에 분산된 교육 데이터를 실시간으로 통합하고 관리할 수 있다. 이는 특히 글로벌 기업이나 대규모 조직에서 일관된 교육 정책을 실행하는 데 큰 도움이 된다. 조직의 규모가 클수록 표준화되고 가능한 동일 시점의 교육이 어려운 부분을 해결할 수 있게 되었다.

AI 기술로 기업 교육의 평가와 데이터 관리 방식을 혁신적으로 변화하고 있다. AI를 활용한 정확하고 다각적인 평가 시스템은 개인화된 학습 경험을 제공하고, 교육의 효과성을 높이는 데 크게 기여하고 있다. 또한 AI 기반의 데이터 축적 관리 시스템은 기업이 방대한 교육 관련 데이터를 효과적으로 활용하여 전략적인 인재 육성을 가능하게 하고 있다.

그러나 동시에 데이터의 정확성과 신뢰성 확보, 개인정보 보호, 그리고 AI 시스템의 윤리적 사용의 문제점도 고민해야 될 것이다.

직무순환(Job rotation)과
경력개발계획(CDP)이 쉬워진다고?

　기업에서 Job rotation과 개인 CDP(Career Development Plan)개
발, 이 두 가지 요소는 AI 시대에 기업이 경쟁력을 유지하고 인재를
효과적으로 육성하는 데 중요한 역할을 한다.

◈ AI로 인한 Job rotation 증가

　AI 기술의 도입으로 인해 기업 내 Job rotation이 증가하고 있
는 현상은 주목할 만하다. Job rotation은 직원들이 다양한 부서
나 직무를 경험하게 함으로써 다각적인 시각과 역량을 갖출 수 있
도록 하는 인사 제도 중 하나이다. 예전에는 이 제도를 운영하고
싶어도 정보나 인력의 부족으로 기업이 활용하기 어려웠다. 하지만
AI 시대에 이 제도는 활성화될 수 있게 되었다.

AI가 반복적이고 정형화된 업무를 대체함에 따라 인간인 직원들은 보다 창의적이고 복합적인 업무에 집중할 필요성이 커지고 있다. 이제 직원들은 조직에서 다양한 경험과 지식을 얻기를 원한다. Job rotation은 이러한 요구에 가장 적합한 방법 중 하나이다. 간접경험을 통해서 지식과 경험을 넓힐 수도 있지만, 이처럼 Job rotation를 통한 직접적인 체험으로 인한 확대는 할 수만 있다면 가장 효과적인 방법일 것이다. 왜냐하면 다양한 부서에서 AI 기술의 적용 사례를 직접 경험하고 학습할 수 있기 때문이다.

또한 AI 시스템과의 협업 능력이 중요해지면서, 다양한 부서에서 AI를 활용하는 방식을 이해하고 적용할 수 있는 융합형 인재가 필요하다. Job rotation은 이러한 인재를 육성하는 데에도 효과적인 방법이 될 수 있을 것이다.

글로벌 기업 IBM은 'AI 역량 강화 프로그램'의 일환으로 전사적인 Job rotation 제도를 도입했다. 이 프로그램을 통해 직원들은 AI 관련 프로젝트에 참여하면서 다양한 부서를 경험하게 되며, 이는 AI 기술의 전사적 확산과 융합형 인재 육성에 크게 기여하고, 이를 통해 직원들의 경력 개발과 회사의 인재 활용도를 높였다고 한다.

🗡 AI를 활용한 개인 CDP 활성화

AI 기술의 발전은 개인의 Career Development Plan(CDP)을

보다 정교하고 효과적으로 수립할 수 있게 해주고 있다. 개인 CDP 는 직원 각자의 경력 목표를 정하고 이를 이루기 위한 세부 계획을 세우는 것을 의미한다. AI는 이러한 CDP 수립과 실행 과정에서 많은 역할을 할 수 있다.

AI는 방대한 데이터를 분석하여 개인의 강점, 약점, 관심사를 생각보다 더 정확하게 알 수 있다. 이를 통해 각 직원에게 최적화된 맞춤형 CDP를 제안할 수 있다. 예를 들어, 직원의 업무 수행 데이터, 학습 이력, 피드백 등을 AI가 종합적으로 분석하여 가장 적합한 경력 경로를 제시할 수 있다. 그리고 AI는 실시간으로 산업 트렌드와 직무 요구사항의 변화를 모니터링하고 분석할 수 있다. 이를 통해 개인 CDP를 시장의 변화에 맞춰 지속적으로 업데이트하고 조정할 수 있게 되었다. 이는 급변하는 AI 시대에 직원들이 항상 최신의 역량을 갖출 수 있도록 도울 수 있다. 그리고 AI 기반의 학습 추천 시스템을 통해 개인 CDP에 따른 맞춤형 교육 콘텐츠를 제공할 수 있게 되었다. 이는 직원들이 자신의 경력 목표에 맞는 효율적인 학습을 할 수 있도록 지원한다. 마지막으로 AI를 활용한 시뮬레이션 기술은 직원들이 다양한 경력 경로를 가상으로 체험을 가능하게 한다. 이는 현실적이고 구체적인 CDP 수립이 가능해졌다.

글로벌 컨설팅 기업 Deloitte는 'AI 기반 경력 개발 플랫폼'을 도입하여 직원들의 CDP 수립을 지원하고 있다. 이 플랫폼은 각 직원의 역량, 경험, 관심사를 AI가 분석하여 최적의 경력 경로를 제안하고, 해당 경로에 필요한 교육 프로그램을 추천한다. 또한 실시간으로 직무 시장의 변화를 반영하여 CDP를 지속적으로 업데이트한다. 이를 통해 직원들의 경력 개발과 회사의 인재 육성이 유기적으로 연계되고 있다.

Job rotation을 통해 직원들은 다양한 경험을 쌓고 융합형 역량을 키울 수 있으며, AI를 활용한 개인 CDP는 보다 정교하고 효과적인 경력 개발을 가능하게 한다. 이러한 변화는 전체적으로 기업 문화와 제도의 변화, 그리고 직원들의 적극적인 참여가 함께 이루어져야 한다.

하지만 앞에서도 언급했듯이 AI 기술의 발전이 가져올 수 있는 윤리적 문제와 개인정보 보호 등의 이슈에도 주의를 기울여야 한다. 즉 직원들의 데이터를 활용한 AI 기반 인재 육성 시스템이 공정하고 투명하게 운영되어야 한다. 또한 AI 시대의 기업 교육은 기술과 인간의 조화로운 발전을 추구해야 한다.

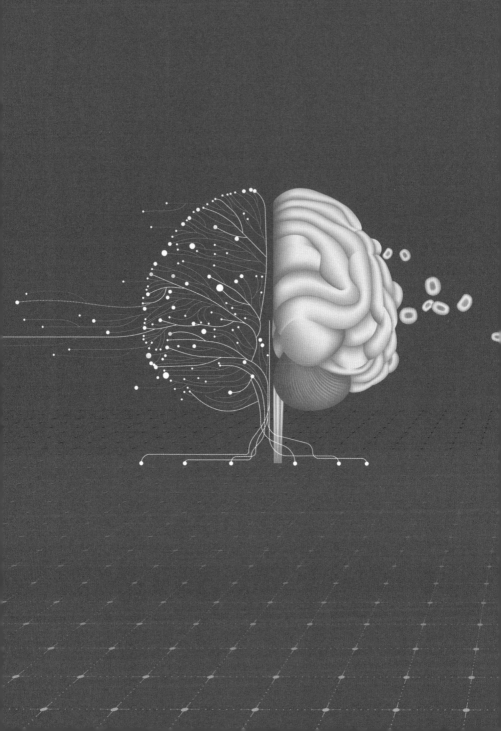

Chapter.4

AI기반의
성과와 보상이
불러오는 변화

세상 쉬워지는
성과 보상 시스템

기존의 성과 평가와 보상 체계는 종종 복잡하고 시간 소모적이며, 주관적인 요소들로 인해 불공정하다는 인식을 받아왔다. AI를 활용한 쉬워진 성과 보상 시스템은 데이터 기반의 객관적인 평가와 실시간 평가 결과를 알 수 있고, 일괄적인 성과와 보상 체계가 아닌 개인별 체계를 통해서 이를 개선할 수 있다.

☙ AI 기반 쉬워진 성과 평가 시스템

AI 기술을 활용한 성과 평가 시스템은 다양한 데이터 소스를 쉽게 활용하여 직원의 성과를 종합적으로 평가할 수 있다. 예를 들어, 프로젝트 관리 도구, 고객 피드백, 팀 협업 플랫폼 등에서 수집된 데이터를 AI 알고리즘이 분석하여 각 직원의 성과를 다각도로 평가할 수 있다. 만약 기존의 성과평가 시스템으로 이 모든 것을 반영하여 평가한다면 매우 복잡하고 접근하기 어려웠을 것이다.

최근에는 AI 덕분에 피평가자와 평가자의 노력과 시간은 줄어들지만 성과평가의 기간은 더 짧아지고 있다. 기존에는 연간 또는 분기별 평가 시스템을 유지하였다. 왜냐하면 평가를 자주 할수록 현업에서는 본 업무 이외에 평가를 준비하는 업무가 증가되어 실무자들은 평가를 위한 자료 준비와 보고서를 만드는 데 시간이 많이 소요되는 경향이 있다. 하지만 AI의 발달로 직원들의 노력은 기존과 동일하거나 감소됨에 불구하고 평가 기간이 더 짧아지고 심지어 실시간 성과를 모니터링하고 평가할 수 있다.

다차원적 평가도 가능하다. 평가는 일반적으로 단면적인 평가보다 다면적 평가가 더 객관적이고 정확하다고 할 수 있다. 하지만 다면평가로 인해서 직원들의 업무 부담은 커질 수밖에 없다. 이 또한 평가를 위한 평가가 될 가능성이 높다. 하지만 AI 기술의 발달은 단순한 업무 실적뿐만 아니라 팀워크, 혁신성, 고객 만족도 등 다양한 측면을 종합적으로 고려할 수 있게 설정되기 때문에 이러한 직원들의 업무 부담 없이 다면평가를 실행할 수 있다.

🎖 AI를 활용한 개인화된 보상 시스템 구축

AI 기술은 성과 평가뿐만 아니라 보상 시스템을 보다 개인화하였다. 즉, 각 직원의 선호도, 동기 부여 요소, 경력 목표 등을 고려하려 맞춤형 보상 패키지를 제공할 수 있다.

게다가 AI 기술로 개인의 보상 선호도 분석도 가능하다. 즉 AI 알고리즘은 직원들의 과거 선택, 설문 조사 결과, 행동 패턴 등을 분석하여 각 개인이 가장 가치 있게 여기는 보상 요소를 파악할 수 있다. 그리고 고정된 보상 구조가 아닌 개인별 유연하고 동적인 보상 패키지를 활용할 수 있다. 각각의 직원 성과와 선호도의 변화를 파악하여 보상을 제시할 수 있다.

AI는 개별 직원의 미래 성과와 잠재력을 예측하여 장기적인 관점에서 최적의 보상 전략을 수립할 수 있다. 즉 성과와 보상에 있어서도 예측적 모델링을 통해 개인을 보상을 합리적으로 예측하여 개인에게 제시할 수 있다. 이는 개인의 동기부여에도 매우 중요한 요인이다. 개인의 사소한 변화와 성과를 AI는 기억하고 보상에 반영될 수 있게 해준다.

보상을 고려할 때 개인의 현금성 요소뿐만 아니라 비현금성 요소도 함께 고려해서 보상 체계를 구축할 수 있다. 즉, 급여, 보너스, 복리후생, 교육 기회, 유연 근무 등 다양한 보상 요소를 종합적으로 고려하여 개인에게 적합한 최적의 조합을 제안할 수 있다. 기존에는 현금성 보상과 비현금성 보상을 따로 관리하고 개별적으로 성과와 보상을 연결하는 데 어려움이 있었지만, 이제는 현금성 비현금성을 합한 하나의 관점에서 개인별 보상체계를 구축할 수 있다.

AI는 시장 동향과 경쟁사의 보상 수준을 실시간으로 분석하여,

기업이 경쟁력 있는 보상 정책을 유지할 수 있도록 돕는다. 예를 들어, 실리콘밸리의 많은 기술 기업들은 AI를 활용하여 급변하는 인재 시장의 동향을 분석하고, 이를 바탕으로 유능한 인재를 유치하고 유지하기 위한 최적의 보상 전략을 수립하고 있다.

AI가 무조건 성공적인 쉽고 개별적인 평가보상 시스템을 가져오는 것은 아니다. 개인별 데이터의 품질과 다양성이 보장되어야 한다. AI 시스템의 정확성과 공정성은 입력되는 데이터의 품질에 따라 크게 달라진다. AI 또한 결국 하나의 시스템이기 때문에 저품질의 데이터가 입력되면 저품질의 데이터가 산출되는 것은 피할 수 없다.

역시나 AI 시스템은 인간의 판단을 완전히 대체하는 것이 아니라 보완하는 도구로 활용되어야 한다. 정도의 차이는 있으나 시간이 흘러도 결국 사용자인 사람의 판단이 최종 필요하기 때문에 그 최종 판단을 하기 위한 좋은 도구로 AI는 사용되어야 한다.

오타 없는 세상을 선물해준
AI의 결과 측정 능력

AI 기반의 현장감 있는 업무 수행 결과의 측정 방식과 평가 시스템은 실시간 데이터 수집과 AI 알고리즘을 통한 종합적 분석을 바탕으로 직원의 성과를 전체적으로 평가한다. 단순히 최종 결과물만 평가하는 것이 아니라 업무 수행 과정 전반을 지속적으로 관찰하고 분석함으로써 정확하고 공정한 평가가 가능해진다. 과거의 인사평가 시스템으로는 시도조차 할 수 없는 방식이다. 방대한 데이터의 양을 측정할 수도 없고, 설령 측정해도 쓸만한 정보로 바꿀 수 없었다.

✈ AI를 활용한 실시간 업무 모니터링 및 데이터 수집

AI 기술을 활용한 현장감 있는 업무 수행 결과 측정은 실시간 모니터링과 광범위한 데이터 수집에서 시작된다. 이는 단순히 결 괏값만 평가하는 것이 아니라, 업무 수행 과정 전반을 살펴본다는 것을 의미한다. 예를 들어, 사무직 근로자의 경우 키보드 입력 속 도, 문서 작성 시간, 이메일 응답 속도 등을 측정할 수 있다. 영업직 의 경우는 고객과의 통화 시간, 미팅 횟수, 계약 성사율 등을 실시 간으로 추적할 수 있다. 제조업에서는 생산 라인의 효율성, 불량률, 안전 수칙 준수 여부 등을 모니터링할 수 있다. 즉 어느 한 시점에 서의 결과만을 보는 것이 아니라 실시간으로 처음부터 결과를 산 출하기까지의 전 과정을 보려는 것이다.

글로벌 물류 기업 UPS는 'ORION(On-Road Integrated Optimization & Navigation)' 시스템을 도입하여 배송 기사들의 업무를 실시간으로 모니터링하고 있다. 이 시스템은 GPS 데이터, 교통 정보, 배송 일정 등을 종합적으로 분석하여 최적의 배송 경로를 제시하고, 각 기사 의 배송 효율성을 측정한다. 이를 통해 UPS는 연간 약 4억 달러의 비용을 절감하고, 배송 기사들의 성과를 객관적으로 평가할 수 있 게 되었다고 한다.

Deloitte는 전통적인 연간 성과 평가 시스템을 폐지하고, 'Performance Snapshot'이라는 새로운 접근법을 도입하였다. 이 시스템은 AI를 활용하여 프로젝트 완료 후 즉시 팀 리더로부터 간 단한 평가 결과를 수집할 수 있다. 이 자료는 실시간으로 분석되어 직원의 성과 트렌드를 파악하고, 보상 및 승진 결정에 활용된다. 이러한 새로운 접근법은 평가 시간을 줄이고, 더 시기 적절하게 피드백을 제공할 수 있었다.

✿ 실시간 자료를 바탕으로 복합적 성과 분석 및 평가

방대한 양의 데이터는 실시간으로 수집될 뿐만 아니라 AI 알고리즘을 통해 분석되어 각 직원의 성과를 다각도로 평가하는 데에도 활용된다. 이 과정에서 AI는 단순한 수치적 성과뿐만 아니라 업무의 질적 측면, 팀워크, 창의성, 문제 해결 능력 등 다양한 요소를 종합적으로 고려할 수 있다. 예를 들어, 고객 서비스 분야에서는 응대 시간, 고객 만족도, 문제 해결율 등의 실시간 데이터를 종합적으로 분석하여 직원의 성과를 평가하는 것이다.

타이어 제조 기업 Bridgestone은 공장 근로자들의 안전과 성과를 모니터링하기 위해 AI 기반의 비디오 분석 시스템을 도입했다. 이 시스템은 공장 내 CCTV 영상을 실시간으로 분석하여 작업자들의 안전 수칙 준수 여부, 작업 효율성 등을 평가한다. 이뿐만 아니라 자료를 통합하여 잠재적인 안전 위험을 사전에 감지하여 사고를 예방하는 데에도 활용된다. Bridgestone은 이 시스템을 통해 작업장 안전사고를 20% 이상 감소시키고, 생산성을 10% 향상시켰다고 한다.

UPS와 Bridgestone의 사례에서 볼 수 있듯이, 실시간 데이터 수집을 기반으로 AI는 복합적 분석이 가능하다. 그러나 AI 기반 평가 시스템 역시 완벽할 수는 없다. AI의 분석 결과를 검토하고 최종 판단을 내리는 인간 관리자의 역할은 여전히 중요하다. AI는 아직까지는 의사결정을 지원하는 도구로 활용되어야 하며, 인간의 통찰력과 판단력을 완전히 대체할 수는 없다는 점을 인식해야 한다. 나중에 AI 기술의 판단으로 인간이 판단하는 영역이 줄어들 수 있지만, 어디까지나 최종 결정은 인간이 해야 되고, AI 기술의 발달은 인간의 판단이 더욱 정확할 수 있게 좀 더 질적인 정보를 제공하는 데 초점이 맞추어져야 한다.

AI만 있으면 연봉 협상은 상식 아닌가요?

과거에는 주로 인사 담당자의 경험과 직관에 의존하던 연봉 협상이 이제는 데이터와 AI 알고리즘을 기반으로 한 객관적이고 체계적인 프로세스로 진화하고 있다.

◈ AI를 활용한 연봉 협상의 체계화

지금까지 개인의 성과는 주로 KPI에 기반한 성과평가에 의존되었고, KPI 이외의 부분에 자신의 기여를 표현하고자 할 때는 자신이 자료를 준비해야 되기 때문에 KPI 이외의 부분에 대한 성과를 평가자에게 표현하는 데 한계가 있었다. 그리고 개인이 제시한 자신의 성과에 대해서도 기업은 검증할 방법이 딱히 없었기 때문에 성과에 반영하기에 어려움이 있었다.

또한 데이터의 기록에 어려움이 있다 보니 연초나 연중의 자신의 성과는 평가자가 잊어버리기 쉽다. 그래서 직원들은 평가 시즌인 연말에만 자신의 성과를 나타내는 데 집중하는 경향이 있다.

하지만 AI 기술의 발전으로 인해 연봉 협상 과정이 더욱 촘촘해질 수 있다. 왜냐하면 AI를 통해서 연말의 성과뿐만 아니라 연초 연중의 성과도 자세히 기록 관리되어 연말에도 최근에 일어난 일처럼 평가할 수 있기 때문이다. 기업들은 AI 시스템을 도입하여 방대한 양의 데이터를 분석하고, 이를 바탕으로 공정하고 합리적인 연봉 결정을 위한 기준을 마련할 수 있다. 이러한 AI 시스템은 개인의 업무 성과, 역량, 경력, 시장 동향 등을 반영해 여러 가지 요소를 종합적으로 반영하여 가장 적합한 근로자에게 연봉을 제안할 수 있다.

글로벌 인사 관리 솔루션 기업인 Workday는 Workday People Analytics라는 AI 기반 플랫폼을 개발하여 기업들의 인사 의사결정을 지원하고 있다. 이 시스템은 직원들의 성과 데이터, 경력 이력, 시장 급여의 동향 등을 분석하여 적절한 연봉 범위를 제시하고, 기업이 공정하고 경쟁력 있는 보상 체계를 수립할 수 있도록 돕는다. 많은 기업들이 이 플랫폼을 활용하여 연봉 협상 과정의 객관성과 투명성을 높일 수 있게 되었다.

AI 기술은 연봉 협상 과정에서 발생할 수 있는 임금 격차를 줄일 수도 있다. 글로벌 소비재 기업인 Unilever는 AI를 활용하여 임금 형평성을 분석하고, 불필요한 격차를 해소하기 위한 노력을 기울이고 있다. Unilever는 AI 기반의 임금 분석 도구를 통해 전 세계 지사의 임금 데이터를 검토하고, 성별이나 지역에 따른 불합리한 임금 차이를 식별하여 이를 조정하는 정책을 시행하고 있다.

글로벌 기술 기업 SAP는 SAP SuccessFactors Compensation이라는 AI 기반 보상 관리 시스템을 제공하고 있다. 이 시스템은 기업의 예산, 직원의 성과, 시장 급여 동향 등을 종합적으로 분석하여 최적의 연봉 인상률과 보너스 금액을 제안한다. 또한, 실시간으로 급여 형평성을 모니터링하고 잠재적인 불균형을 식별하여 인사 담당자에게 알림을 제공함으로써 기업이 보다 선제적으로 임금 격차 문제에 대응할 수 있다.

🜨 AI 기반 연봉 협상 시스템의 한계와 과제

AI를 활용한 연봉 협상 시스템이 많은 이점을 제공하고 있지만, 동시에 몇 가지 한계점과 해결해야 할 과제들도 존재한다. 우선 AI 시스템이 분석하는 데이터의 품질과 다양성이 결과의 신뢰성에 큰 영향을 미친다. 편향된 데이터나 불완전한 정보는 AI의 판단을 왜곡시킬 수 있으며, 이는 결과적으로 올바르지 않는 급여 책정으로 이어질 수 있다.

AI 시스템이 제시하는 연봉 기준이 지나치게 단순화되거나 일괄적 적용이 되면 개인의 특수한 상황이나 조직 내 역할의 중요성 등을 충분히 반영하지 못할 수 있기 때문에 최종 의사결정 시에 관리자의 재량이 충분히 허용될 필요가 있다. 예를 들어, 스타트업 기업인 Zapier는 AI 기반의 연봉 책정 시스템을 도입했지만, 동시에 인간 관리자의 재량권을 유지하여 AI의 제안을 검토하고 필요시 조정할 수 있도록 하고 있다. 이는 AI와 인간의 판단을 적절히 조화시키는 방안으로 주목받고 있다.

직원들의 프라이버시 보호와 데이터 보안 문제도 중요한 과제이다. AI 시스템이 개인의 민감한 정보를 다루게 됨에 따라, 이에 대한 엄격한 관리와 보안 대책이 요구된다. 예를 들어, 글로벌 컨설팅 기업 Deloitte는 AI를 활용한 인사 관리 시스템을 도입하면서, 동시에 강력한 데이터 암호화와 접근 제어 정책을 수립하였다.

AI 기술의 도입으로 인해 기업의 연봉 협상 과정은 더욱 체계화, 객관화되고 있다. 이는 공정한 성과 관리와 투명성 절차, 임금 격차 해소 등에 긍정적인 변화를 가져오고 있다. 그러나 동시에 데이터의 품질 관리, 시스템의 유연성 확보, 개인정보 보호 등의 과제도 안고 있다. 향후 기업들은 이러한 장단점을 균형 있게 고려하여 AI 기술을 적용해 나가야 할 것이다.

이처럼 미래의 연봉 협상은 AI의 객관적 분석과 인간 관리자의 전문적 판단이 조화를 이루는 방향으로 발전할 것으로 예상된다.

시간 부자 AI가 가져간 직원의 시간

    기업 환경에서 효율적인 시간 관리는 기업의 성과 향상과 직접적인 연관성을 가지며, 이는 결과적으로 직원들의 보상에도 큰 영향을 미치고 있다. AI 기술의 발전은 기업의 직원 시간 관리 시스템을 더욱 정교하고 효과적으로 만들어가고 있다. 이러한 AI 기반 시간 관리 시스템은 개인과 팀의 생산성을 극대화하고, 업무 성과를 정확하게 측정하며, 이를 바탕으로 공정한 보상 체계를 수립할 수 있게 되었다.

◈ AI를 활용한 직원 시간 관리 시스템의 구체화와 성과 측정

    AI 기술의 도입으로 기업의 직원 시간 관리 시스템이 더욱 정교화되고 있다. 이전의 단순한 출퇴근 기록이나 근무 시간 측정에서 벗어나, AI는 각 직원의 업무 패턴, 생산성 피크 시간, 업무 집중도 등을 실시간으로 분석하여 개인과 팀의 성과를 정확하게 측정할 수 있게 해준다.

글로벌 IT 기업인 Microsoft는 'Workplace Analytics'는 AI 기반 생산성 분석 도구를 개발하여 사용하고 있다. 이 시스템은 직원들의 이메일 사용 패턴, 회의 참석 시간, 집중 작업 시간, 협업 네트워크 등을 종합적으로 분석하여 개인과 팀의 생산성을 수치화한다. 특히 이 도구는 단순히 시간을 얼마나 투입했는지가 아니라, 그 시간 동안의 실제 업무 성과를 AI 알고리즘을 통해 측정 평가한다고 한다.

글로벌 컨설팅 기업 Deloitte는 'ConnectMe'라는 AI 기반 HR 플랫폼을 통해 직원들의 시간 관리와 성과 측정을 통합적으로 지원하고 있다. 이 시스템은 직원들의 업무 시간 활용도, 프로젝트 완성률, 고객 만족도 등 다양한 지표를 실시간으로 수집하고 분석한다. AI는 이러한 데이터를 바탕으로 각 직원의 강점과 개선이 필요한 부분을 파악하고, 개인화된 성과 향상 전략을 제안한다.

이러한 AI 기반의 시간 관리 및 성과 측정 시스템의 도입으로 기업들은 보다 정확하고 공정한 성과 측정과 평가 체계를 구축할 수 있게 되었다. 시스템이 제공하는 데이터를 바탕으로 기업은 각 직원의 실제 기여도를 정확히 파악할 수 있으며, 이는 결과적으로 보다 공정한 보상 체계 수립으로 이어질 수 있다.

⬡ AI 기반 시간 관리 시스템과 연계된 보상 체계의 변화

AI를 활용한 시간 관리 시스템은 기업의 보상 체계에도 영향을 미친다. AI가 제공하는 정교한 성과 데이터를 바탕으로, 기업들은 보다 객관적이고 차별화된 보상 정책을 수립할 수 있게 되었다.

글로벌 전자상거래 기업인 Amazon은 AI 기반의 성과 연동형 보상 시스템(Performance-Linked Compensation System)을 도입하였다. 이 시스템은 직원들의 근무 시간, 업무 처리 속도, 고객 만족도 등을 AI 알고리즘으로 분석하여 실시간으로 성과 점수를 산출한다. 이 점수는 직접적으로 급여와 보너스 책정에 반영되어, 높은 성과를 달성한 직원들에게 즉각적이고 차별화된 보상을 제공한다. 이러한 시스템은 직원들의 동기 부여와 생산성 향상에 크게 기여하고 있다는 평가를 받고 있다.

글로벌 금융기업 JP Morgan Chase는 'Work Smart' 프로그램을 통해 AI 기반의 시간 관리와 성과 보상 시스템을 구축하였다. 이 프로그램은 직원들의 업무 시간 활용도, 프로젝트 기여도, 혁신적 아이디어 제안 등을 종합적으로 평가하여 '스마트 스코어'를 산출한다. 이 점수는 연간 성과 평가와 보너스 책정의 핵심 지표로 활용되며, 높은 점수를 받은 직원들에게는 추가적인 교육 기회나 경력 개발 프로그램 참여 기회 등 비금전적 보상도 제공된다.

AI 기술의 발전으로 인해 기업의 직원 시간 관리 시스템은 더욱 정교화되고 있으며, 이는 성과 측정과 보상 체계의 혁신으로 이어지고 있다. 이러한 변화는 기업의 생산성 향상과 직원들의 동기 부여에 긍정적인 영향을 미치고 있다.

그러나 AI 기반 보상 시스템이 가져올 수 있는 부작용에 대한 우려도 존재한다. 지나치게 수치화된 성과 평가는 직원들 간의 과도한 경쟁을 유발하거나, 단기적 성과에만 집중하게 만들 수 있다는 지적이 있다.

향후 기업들은 AI 기반 시간 관리 및 성과 보상 시스템을 도입함에 있어 이러한 장단점을 균형 있게 고려해야 할 것이다. 단순히 효율성과 생산성만을 추구하는 것이 아니라, 직원들의 장기적인 성장과 웰빙을 함께 고려하는 통합적인 접근이 필요할 것이다.

상여금과 승진의
논쟁은 이제 그만

AI 기술의 발전은 기업의 상여금 지급과 승진 결정 과정에 객관성과 투명성을 더하며, 이를 통해 보다 더 공정한 보상 체계를 확립할 수 있게 되었다. AI는 방대한 양의 데이터를 분석하여 개인의 성과를 다각도로 평가하고, 편견 없는 의사결정을 지원할 수 있게 되었다.

◈ AI를 활용한 공정한 상여금 지급 체계

기존에는 각 사람이 처한 환경도 다르고 팀이나 조직으로부터 지원받는 정도도 다르지만, 개별적 상황이 반영되지 않는 결괏값에 대한 정량적 평가를 받는 경우가 많았다. 물론 평가자가 개인의 특별한 환경을 감안하지만 그 또한 평가자의 주관이 많이 개입될 수밖에 없었다. 하지만 AI는 편견 없는 객관적 분석을 제공함으로써 평가자의 주관성이나 편견으로 인한 불공정한 평가를 최소화할 수 있다.

AI는 개인의 성과, 기여도, 역량 등을 종합적으로 분석하여 객관적인 상여금 산정 기준을 제시할 수 있다. 이는 기존의 주관적 평가나 단순 수치 기반의 평가 방식에서 벗어나, 보다 공정하고 균형 잡힌 보상 체계를 구축할 수 있다.

AI 시스템의 평가 기준과 방법을 명확히 공개함으로써, 평가 과정의 공정성을 높일 수 있다. AI의 기술 없이 기업이 평가 방법을 구체적으로 공개하기는 어려웠다. 왜냐하면 곳곳에 'Human error'뿐만 아니라 평가 기준에 설득력이 부족하고, 직원들에게 쉽고 충분한 Data를 제시할 수 없기 때문이다. 이로 인하여 평가자의 객관성보다는 주관성이 개입될 가능성이 많다. 하지만 AI 기술의 발달로 사람인 평가자의 개인적 편견이나 선입견을 최소화하여 보다 공정한 평가가 가능하기 때문에 평가 기준과 방법의 공개가 가능하였다.

글로벌 금융기업 골드만삭스(Goldman Sachs)는 'Performance AI'라는 AI 기반 성과 평가 및 보상 시스템을 도입하였다. 이 시스템은 직원들의 일상적인 업무 활동, 프로젝트 기여도, 고객 만족도, 팀워크 등 다양한 요소를 실시간으로 분석하여 개인별 성과 점수를 산출한다. 이 점수는 연말 상여금 책정의 핵심 지표로 활용되며, AI 알고리즘을 통해 각 직원의 기여도에 따라 차등적인 상여금을 제안한다. 이를 통해 골드만삭스는 보다 객관적이고 공정한 보상 체계를 구축할 수 있었으며 뿐만 아니라 직원들의 만족도와 생산성 향상으로 이어졌다.

글로벌 기술 기업 IBM은 'Watson Talent'라는 AI 플랫폼을 활용하여 상여금 지급 과정을 혁신하고 있다. 이 시스템은 개인의 성과 데이터뿐만 아니라 시장 동향, 회사의 재무 상황, 팀 전체의 성과 등을 종합적으로 고려하여 최적의 상여금 분배 안을 제시한다. 특히 Watson Talent는 기존의 상여금 지급 패턴을 학습하여 잠재적인 편견이나 불공정 요소를 식별하고, 이를 교정하는 기능을 갖추고 있다. 이를 통해 IBM은 더욱 투명하고 공정한 보상 체계를 구축할 수 있었다.

이러한 AI 기반 상여금 지급 시스템의 도입으로 기업들은 보다 객관적이고 공정한 보상 체계를 구축할 수 있게 되었다. 시스템이 제공하는 데이터를 바탕으로 기업은 각 직원의 실제 기여도를 자세히 파악하고 이에 상응하는 보상을 제공함으로써, 직원들의 동기부여와 조직에 대한 신뢰도를 높일 수 있게 되었다.

AI 기술의 도입으로 인해 기업의 성과 평가 시스템은 더욱 정교해지고 있다. 기존의 성과 평가 방식이 주관적이고 편향된 평가로 인해 많은 문제점을 안고 있었다면, AI를 활용한 성과 평가는 이러한 한계를 크게 개선할 수 있다. AI는 방대한 양의 데이터를 분석하여 개인과 팀의 성과를 다각도로 평가할 수 있으며, 이를 통해 보다 객관적이고 공정한 평가 결과를 얻을 수 있다. 또한, AI는 실시간으로 성과를 모니터링하고 피드백을 제공할 수 있고 연말, 반기 또는 분기별로 이루어지던 기존의 성과 평가 주기를 크게 단축시켰다. 이는 직원들이 자신의 성과를 즉각적이고 자주 확인하여 개선할 수 있는 기회를 빠르고 자주 제시해 줌으로써 전반적인 조직의 생산성 향상에도 기여하고 있다.

⚜ AI를 활용한 공정한 승진 결정 프로세스

AI 기술은 기업의 승진 결정 과정에도 큰 변화를 가져오고 있다. AI는 개인의 업무 성과, 리더십 역량, 팀 기여도, 잠재력 등 다양한 요소를 종합적으로 분석하여 승진 후보자를 선별하고 평가하는 데 활용되고 있다. 이를 통해 기존의 주관적이고 편향된 승진 결정 과정을 보다 객관적이고 공정하게 진행할 수 있게 되었다.

글로벌 소비재 기업 Unilever는 'AI-Driven Promotion System'을 도입하여 승진 프로세스를 혁신하고 있다. 이 시스템은 직원들의 성과 데이터, 360도 피드백, 역량 평가 결과 등을 AI 알고리즘으로 분석하여 승진 적합도 점수를 산출한다. 특히 이 시스템은 성별, 인종, 나이 등의 요소를 배제하고 순수하게 능력과 성과만을 기반으로 평가를 진행함으로써 승진 과정에서 발생할 수 있는 편견을 최소화하고 있다. Unilever는 이 시스템의 도입 이후 여성 관리자 비율이 크게 증가하는 등 조직의 다양성과 포용성이 향상되었다고 보고하고 있다.

글로벌 IT 기업 Microsoft는 'Promotion Recommendation AI'를 개발하여 사용하고 있다. 이 AI 시스템은 직원의 업무 성과, 프로젝트 참여도, 혁신적 아이디어 제안, 동료 평가 등 다양한 지표를 분석하여 승진 후보자를 추천한다. 특히 이 시스템은 과거의 승진 패턴을 학습하여 잠재적인 편견이나 불공정 요소를 식별하고, 이를 교정하는 기능을 갖추고 있다. Microsoft는 이 시스템의 도입으로 승진 결정 과정의 투명성과 공정성이 크게 향상되었으며, 직원들의 경력 개발 동기가 증가했다고 밝히고 있다.

그러나 역시 AI를 활용한 승진 결정 과정에도 한계와 주의점이 존재한다. AI 시스템이 학습하는 데이터에 이미 편견이 내재되어 있을 경우, 이를 그대로 반영할 수 있다는 우려가 있다. 또한, 리더십이나 창의성과 같은 정성적 요소를 AI가 완벽하게 평가하기에는 아직까지 무리가 있다.

AI를 활용한 성과 평가 시스템이 완벽한 것은 아니다. 데이터의 품질과 AI 알고리즘의 설계에 따라 평가 결과가 달라질 수 있으며, 창의성이나 리더십과 같은 정성적인 요소를 평가하는 데에는 여전히 한계가 있다. 따라서 많은 기업들은 AI 시스템과 인간 관리자의 판단을 적절히 조합하여 보다 균형 잡힌 성과 평가 시스템을 구축을 해야 한다.

이에 대응하여 글로벌 컨설팅 기업 Deloitte는 'Human-AI Collaborative Promotion System'을 구축하였다. 이 시스템은 AI의 객관적 평가와 인간 관리자의 정성적 판단을 결합하여 최종 승진 결정을 내리는 방식을 채택하고 있다. AI가 제공하는 데이터와 인사이트를 바탕으로 인간 관리자가 최종 결정을 내림으로써, AI의 장점을 활용하면서도 인간의 통찰력을 반영할 수 있게 되었다.

AI 기술의 발전으로 인해 기업의 상여금 지급과 승진 결정 과정이 더욱 공정하고 투명해지고 있다. 그러나 AI 시스템의 한계와 잠재적 위험성에 대한 인식도 필요하다. AI가 제공하는 데이터와 인사이트를 맹목적으로 따르기보다는, 인간의 판단과 조화롭게 결합하여 사용하는 것이 중요하다. 또한, AI 시스템의 알고리즘과 데이터가 적합한 값인지 지속적인 모니터링과 개선이 요구된다.

우리도 이제
승계계획(Sucesstion Plan) 세워보자

　기업 경영에서 인재 관리의 중요성은 날로 증대되고 있으며, 그중에서도 Succession Plan(승계 계획)은 조직의 지속 가능한 성장과 안정성에 매우 중요하다. 지금까지 승계 계획은 복잡하고 시간 소모적인 과정으로 여겨져 왔으나, AI 기술의 발전과 도입으로 인해 이 과정이 크게 간소화되고 효율화 되고 있다. AI는 방대한 데이터를 신속하게 분석하고 예측 모델을 생성함으로써, 기업이 보다 정확하고 객관적인 승계 계획을 수립할 수 있다. 이는 단순히 고위 경영진의 후계자 선정에 국한되지 않고, 조직 전반의 핵심 인재 발굴과 육성에까지도 광범위하게 적용될 수 있다.

◈ AI를 활용한 포괄적이고 객관적인 후보자 평가

AI 기술의 도입으로 기업의 승계 계획 수립 과정에서 가장 큰 변화가 일어난 부분은 후보자 평가 영역이다. 지금까지 경영진의 주관적 판단이나 제한된 데이터에 의존하여 후보자를 평가했다면, AI를 활용한 시스템은 훨씬 더 포괄적이고 객관적인 평가를 가능하게 한다. AI는 후보자의 업무 성과, 리더십 역량, 팀워크 능력, 혁신성 등 다양한 측면을 종합적으로 분석할 수 있다. 이를 위해 AI는 인사 평가 데이터, 프로젝트 수행 실적, 360도 피드백 결과, 심지어 사내 소셜 네트워크에서의 활동까지 광범위한 데이터를 활용한다. 이러한 다각도의 분석을 통해 AI는 각 후보자의 강점과 약점을 정확히 파악하고, 특정 직위나 역할에 가장 적합한 인재를 제안할 수 있다.

글로벌 기업 IBM은 'Watson Career Coach'라는 AI 기반 시스템을 도입하여 승계 계획을 위한 인재 평가에 활용하고 있다. 이 시스템은 직원들의 역량, 경험, 성과 데이터를 분석하여 각 직무에 가장 적합한 후보자를 추천한다. 또한, 개인의 경력 발전 경로를 예측하고 필요한 교육 프로그램을 제안함으로써, 장기적인 관점에서의 인재 육성을 지원한다.

AI를 활용한 후보자 평가의 또 다른 장점은 편향성을 줄일 수 있다는 점이다. 평가자가 사람인 경우 무의식적인 선호나 편견에 영향을 받을 수 있지만, AI는 오직 데이터에 기반한 객관적인 평가를 제공한다. 이는 다양성과 포용성을 중시하는 최근 기업 문화에 부합하며, 보다 공정하고 투명한 승계 계획 수립이 가능하다.

⬡ AI 기반의 동적이고 예측적인 승계 계획 수립

AI의 도입으로 승계 계획은 정적인 문서에서 동적이고 예측적인 프로세스로 변화되고 있다. 기존의 승계 계획이 연 1회 또는 분기별로 수행되는 정기적인 작업이었다면, AI를 활용한 시스템은 실시간으로 조직의 인재 상황을 모니터링하고 필요에 따라 계획을 조정할 수 있다.

AI는 시장 동향, 산업 변화, 기업의 전략적 방향성 등 외부 요인과 조직 내부의 인재 현황을 지속적으로 분석하여 미래에 필요한 역량과 리더십 프로필을 예측한다. 이를 바탕으로 현재의 인재 풀과 미래의 필요 역량 간의 갭을 식별하고, 이를 해소하기 위한 맞춤형 육성 계획도 수립한다.

글로벌 컨설팅 기업 Deloitte는 'Talent Intelligence' 플랫폼을 통해 동적인 승계 계획을 수립하고 있다. 이 플랫폼은 AI와 예측 분석을 활용하여 조직의 미래 인재 수요를 예측하고, 이에 맞춰 현재의 인재들을 어떻게 육성하고 배치할지에 대한 전략을 제시한다. 또한, 외부 노동 시장의 동향을 실시간으로 분석하여, 필요한 경우 외부에서 적합한 인재를 영입하는 것까지 고려한 종합적인 승계 전략을 수립할 수 있다.

AI 기반의 동적 승계 계획의 또 다른 장점은 예기치 못한 상황에 대한 대응력을 높인다는 점이다. 갑작스러운 인사 이동이나 퇴직이나 불의의 사고 등이 발생했을 때, AI는 즉시 대체 후보군을 제시하고 필요한 교육 훈련 계획을 수립할 수 있다. 이는 조직의 연속성과 안정성을 유지하는 데 큰 역할을 할 수 있다.

포괄적이고 객관적인 후보자 평가, 그리고 동적이고 예측적인 계획 수립을 통해 기업은 보다 효과적이고 전략적인 인재 관리가 가능해졌다. 이는 조직의 장기적 성장과 경쟁력 확보에 직접적인 영향을 미치는 중요한 변화이다.

그러나 AI를 활용한 승계 계획이 완벽한 해결책은 아니다. AI 시스템의 정확성과 공정성을 지속적으로 모니터링하고 개선해 나가는 것이 중요하며, 여전히 인간의 직관과 경험이 중요한 역할을 한다. 따라서 미래의 승계 계획은 AI의 분석력과 인간의 통찰력을 적절히 조화시키는 방향으로 발전해 나아갈 것이다. 또한 AI의 도입은 인사 관리자들의 역할 변화도 요구하고 있다. 단순한 데이터 관리자에서 벗어나, AI가 제공하는 인사이트를 전략적으로 해석하고 이를 기업의 전략과 연계시키는 능력이 더욱 중요해질 것이다.

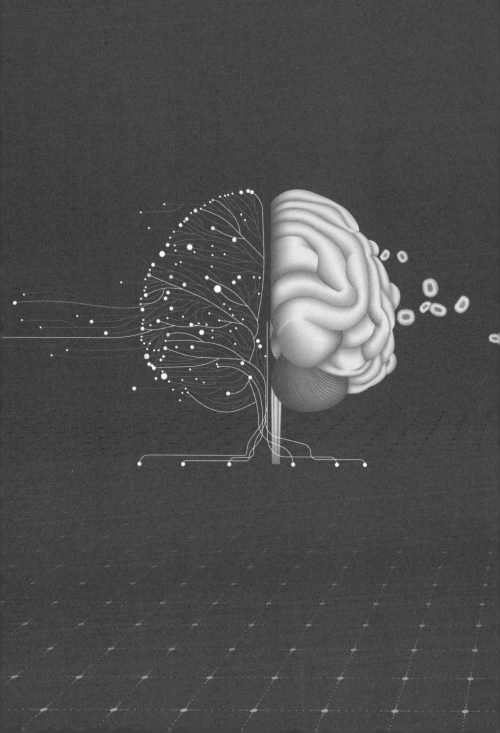

Chapter.5

AI로 달라지는
조직 문화

소통은 기본,
유익함의 토핑을 더하다

조직 문화는 한 기업을 구성하는 조직원들의 공통된 가치관, 신념, 태도, 행동 양식, 그리고 관습들을 일컫는 말이다. 이는 마치한 집안의 가족들이 공유하는 가치관과 규범처럼 회사 내 구성원들의 일상적인 업무 방식과 의사소통 방식, 문제 해결 방식 등에 영향을 미치는 중요한 요소이다. 기업이라면 수직적이고 일방적인 소통 방식에서 벗어나 보다 개방적이고 효율적인 소통 체계를 구축하는 것은 중요 문제이다. 이러한 상황에서 AI 기술의 발전과 도입은 기업 조직 내 소통 방식에 많은 변화와 함께 조직문화에도 영향을 끼치고 있다.

🜨 AI를 활용한 실시간 소통 및 피드백 체계 구축

AI 기술의 도입으로 기업의 조직 내 소통 방식에서 가장 큰 변화가 일어난 부분은 실시간 소통 및 피드백 체계의 구축이다. 전통적인 방식에서는 정기적인 회의나 보고서, 연간 성과 평가 등에서만 이루어지던 직원들 간의 의사소통이 AI를 활용한 시스템을 통해 상시적이고 즉각적으로 이루어질 수 있다.

AI 기반의 실시간 소통 플랫폼은 자연어 처리 기술을 활용하여 메시지의 내용을 분석할 뿐만 아니라 적절한 수신자나 관련 부서에 자동으로 전달하는 기능도 있다. 또한, 감정 분석 기술을 통해 메시지의 톤이나 긴급성을 파악하여 우선순위를 정하기도 한다. 이를 통해 정보의 흐름과 교환은 더욱 빨라지고, 조직 전체의 의사결정 속도도 향상될 수 있다.

마이크로소프트(Microsoft)의 'Viva Insights'는 직원들의 업무 패턴, 협업 방식, 소통 빈도 등을 분석하여 관리 담당자에게 개인과 팀의 생산성을 높이기 위한 인사이트를 제공한다. 예를 들어, 특정 팀원이 회의에 과도하게 많은 시간을 할애하고 있다거나, 중요한 이메일에 대한 응답이 지연되고 있다는 등의 정보를 제공하여 소통의 문제점을 파악하고 해결하여 의사소통의 효율성을 높일 수 있다. 또한 직원들의 웰빙과 관련된 데이터도 분석하여 번아웃 위험이 있는 직원을 사전에 상황을 파악하고 적절한 대응을 할 수 있다.

이러한 AI 기반의 실시간 소통 및 피드백 체계는 조직 내 정보의 흐름을 더욱 투명하고 효율적으로 만들어주고 있다. 이는 단순히 소통의 속도를 높이는 것을 넘어, 조직 구성원들이 더욱 적극적으로 의견을 개진하고 서로의 아이디어를 공유할 수 있는 조직 문화 형성에 긍정적 영향을 끼칠 수 있다.

⚓ AI를 활용한 개인화된 소통 전략 수립

AI 기술의 도입은 조직 내 소통을 단순히 빠르고 효율적으로 만드는 것뿐만 아니라 각 구성원의 특성과 선호도에 맞춘 개인화된 소통 전략을 수립해 줄 수 있다. AI는 각 직원의 소통 스타일, 업무 패턴, 학습 선호도 등을 분석하여, 가장 효과적인 소통 방식을 제안한다. 이는 조직 구성원 간의 이해도를 높이고, 불필요한 오해나 갈등을 줄일 수 있다.

AI 기반의 개인화된 소통 전략은 특히 다양한 세대와 문화적 배경을 가진 직원들이 공존하는 기업 환경에서 더욱 중요하다. AI는 각 직원의 커뮤니케이션 스타일을 분석하여, 상황에 따라 가장 적합한 소통 채널과 방식을 추천한다. 예를 들어, 일부 직원에게는 간결한 문자 메시지가 효과적일 수 있지만, 다른 직원에게는 상세한 이메일이나 직접적인 대화가 더 효과적일 수 있는 것이다.

IBM의 'Watson Workspace'라 불리는 AI 기반 협업 플랫폼은

자연어 처리와 기계 학습 기술을 활용하여 각 직원의 업무 스타일과 소통 패턴을 분석한다. 이를 바탕으로 개인화된 작업 환경을 제공하고, 가장 효과적인 소통 방식을 추천한다. 예를 들어, 특정 주제에 대해 논의할 때 어떤 동료와 먼저 상의하는 것이 좋을지, 어떤 형식의 회의가 가장 생산적일지 등을 제안할 수 있다. 또한, 각 직원의 업무 일정과 우선순위를 고려하여 최적의 소통 시간대를 추천하기도 한다. 이처럼 AI 기반의 개인화된 소통 전략은 조직 구성원들 간의 이해도를 높이고, 소통의 질을 향상시키는 데 크게 기여하고 있다.

실시간 소통 및 피드백 체계의 구축, 그리고 개인화된 소통 전략의 수립을 통해 기업은 보다 효과적이고 유연한 조직문화를 형성할 수 있게 되었다.

그러나 AI를 활용한 소통 방식 개선이 완벽한 해결책은 아니다. AI 시스템의 정확성과 윤리성을 지속적으로 모니터링하고 개선해 나가는 것이 중요하며 여전히 인간의 직관과 감성적 요소가 중요한 역할을 한다. 따라서 미래의 조직 내 소통은 AI의 분석력과 인간의 공감 능력을 적절히 조화시키는 방향으로 발전해 나갈 것으로 예상된다.

또한 AI의 도입은 리더와 관리자들의 역할 변화도 요구하고 있다. 단순한 정보 전달자에서 벗어나, AI가 제공하는 인사이트를 전

략적으로 해석하고 이를 조직의 목표와 연계시키는 능력이 더욱 중
요하다. 기업들은 이러한 기술의 혜택을 최대한 활용하면서도 인간
중심의 조직문화를 유지하는 균형 잡힌 접근법을 지속적으로 찾고
개발해 나가야 될 것이다.

직원의 의견에
더 귀 기울여야 하는 이유

조직에서 직원들의 의견을 효과적으로 수렴하고 반영하는 것은 조직의 성공과 지속 가능한 성장을 위한 중요한 요소이다. 기존에는 직원들의 의견 수렴은 주로 정기적인 설문조사나 면담 등을 통해 이루어졌으나, 이러한 방식은 시간과 비용이 많이 들고 실시간성이 떨어졌다. 그러나 AI 기술은 자연어 처리, 감정 분석, 예측 모델링 등의 기술을 통해 직원들의 의견을 더욱 정확하고 효율적으로 수집하고 결과를 분석할 수 있다.

◈ AI를 활용한 실시간 의견 수렴 및 분석 체계 구축
AI 기술의 도입으로 기업의 직원 의견 수렴 방식에서 가장 큰 변화가 일어난 부분은 실시간 의견 수렴과 분석 체계의 변화이다. 기존에는 연간 또는 분기별로 실시되던 직원 만족도 조사를 통해 의견 수렴이 되어 왔다. 하지만 AI를 활용한 시스템을 통해 의견 수렴 방식은 상시적이고 즉각적인 과정으로 변하고 있다.

AI 기반의 실시간 의견 수렴 플랫폼은 다양한 채널을 통해 직원들의 의견을 수집하고 분석한다. 이러한 플랫폼은 사내 메신저, 이메일, 사내 게시판 등에서 직원들이 남긴 메시지나 댓글을 실시간으로 수집하고 그 내용을 분석한다. 또한 감정 분석 기술을 통해 직원들의 의견에 담긴 감정적 톤이나 긴급성을 파악하여 우선순위를 설정하기도 한다. 이를 통해 기업은 직원들의 니즈와 우려 사항을 신속하게 파악하고 대응할 수 있게 되었다.

예컨대, 글로벌 기업 Unilever의 'Unibot'을 들 수 있다. Unibot은 AI 기반의 챗봇으로, 직원들과 24시간 대화하며 그들의 의견과 피드백을 수집한다. 이 시스템은 단순히 정보를 수집하는 것을 넘어, 직원들의 질문에 즉시 답변하고 필요한 정보를 제공하는 양방향 소통 채널의 역할을 한다. Unibot은 수집된 데이터를 분석하여 직원들의 주요 관심사와 불만 사항을 파악하고, 이를 경영진에게 실시간으로 보고된다. 예를 들어, 특정 정책 변경 후 직원들의 반응을 즉시 파악하여 필요한 경우 다음 단계 정책에서 변경이나 수정을 통하여 신속하게 대응할 수 있다.

◈ AI를 활용한 개인화된 의견 수렴 및 피드백 제공

AI 기술의 도입은 직원들의 의견을 수렴하는 방식을 더욱 정교하고 개인화된 형태로 발전시키고 있다. AI는 각 직원의 특성, 역할, 경력 단계 등을 고려하여 맞춤형 질문을 제시하고, 개인화된 피드백을 제공할 수 있다. 이는 직원들이 자신의 상황과 관심사에 맞게 의견을 개진할 수 있게 해주며, 동시에 기업은 직원으로부터 더욱 깊이 있고 의미 있는 인사이트를 얻을 수 있게 된다.

AI 기반의 개인화된 의견 수렴 시스템은 직원들의 과거 응답 패턴, 업무 성과, 경력 목표 등을 종합적으로 분석하여 각 개인에게 가장 적합한 질문을 제시한다. 예를 들어, 최근 승진한 직원에게는 새로운 역할에 대한 적응도를 묻는 질문을, 장기 근속 직원에게는 경력 개발 욕구에 대한 질문을 제시할 수 있다. 또한 AI는 수집된 의견을 바탕으로 각 직원에게 맞는 피드백과 개선안을 제공할 수 있다.

글로벌 컨설팅 기업 Deloitte의 'ConnectMe' 플랫폼을 들 수 있다. ConnectMe는 AI 기술을 활용하여 각 직원의 특성과 니즈에 맞는 맞춤형 설문과 피드백을 제공한다. 이 시스템은 직원의 역할, 경력 단계, 성과 이력 등을 고려하여 가장 관련성 높은 질문을 선별하여 제시한다. 예를 들어, 리더십 역할을 맡은 직원에게는 팀 관리와 관련된 심층적인 질문을, 신입 직원에게는 온보딩 경험에 대한 상세한 피드백을 요청한다. 또한 직원들의 응답을 분석하여 개인별 맞춤형 경력 개발 제안과 학습 리소스를 제공하기도 한다.

이러한 AI 기반의 개인화된 의견 수렴 및 실시간 피드백 제공 시스템은 직원들이 자신의 의견이 더욱 중요하게 다루어지고 있다고 느끼게 해준다. 이는 직원들의 참여도와 솔직성을 높이고 기업은 이를 통해서 다양하고 실행 가능한 인사이트를 얻을 수 있게 된다.

실시간 의견 수렴 및 분석 체계의 구축, 그리고 개인화된 의견 수렴 및 피드백 제공을 통해 기업은 보다 민첩하고 효과적으로 직원들의 니즈와 우려 사항을 파악하고 대응할 수 있게 되었다. 이것은 의견 수렴의 효율성을 높이고 직원들의 조직에 대한 신뢰와 참여도를 증진시켰다.

그러나 AI를 활용한 의견 수렴 방식이 완벽한 해결책은 아니다. AI 시스템의 정확성과 공정성, 그리고 개인정보 보호에 대한 우려는 지속적으로 관리되어야 할 과제이다. 또한 AI가 제공하는 데이터와 인사이트를 해석하고 이를 실제 정책과 의사 결정에 반영하는 것은 여전히 사람인 관리자와 리더의 몫이다. AI가 제안한 것들이 현 기업에 적용하기에 합당한 것인지는 사람에 의해서 다시 한번 검토되어야 한다.

미래의 직원 의견 수렴 방식은 AI의 분석력과 인간의 공감 능력, 그리고 전략적 판단을 적절히 조화시키는 방향으로 발전될 것이다. 기업은 AI 기술을 활용하여 더욱 정교하고 실시간적인 의견 수렴 체계를 구축하되, 이를 통해 얻은 인사이트를 조직의 문화와 가치에 일치하는 방식으로 해석하고 적용하는 능력을 키워야 될 것이다.

최상위 업무 환경을 만들어 준 AI 채용 생태계

좋은 업무 환경의 조성은 직원들의 만족도와 생산성을 높이는 중요한 요소이다. 보통 지금까지 업무 환경 개선은 물리적 공간의 개선이나 복리후생 제도의 확대 등을 통해 이루어져 왔다. 그러나 업무 환경 개선의 개념과 방식에도 많은 변화가 일어났다. 즉, AI는 데이터 분석과 예측 모델링, 그리고 자동화 등의 기술을 통해 개인화된 업무 환경을 조성하고 업무 프로세스를 최적화하여 직원들의 웰빙을 지원하는 등 다양한 방식으로 업무 환경을 개선할 수 있다.

◈ AI를 활용한 개인화된 업무 환경 조성

AI 기술의 도입으로 기업의 업무 환경 개선에서 가장 큰 변화가 일어난 부분은 개인화된 업무 환경의 조성이다. 기존에는 모든 직원들에게 동일한 업무 환경을 제공하는 것이 일반적이었다면, AI를 활용한 시스템은 각 직원의 특성과 선호도에 맞춘 맞춤형 업무 환경을 제공할 수 있게 되었다.

개인화된 업무 환경 시스템은 각 직원의 업무 패턴, 생산성, 선호도 등을 분석하여 최적의 업무 조건을 제안한다. 이는 물리적 환경부터 소프트웨어 설정과 업무 스케줄링까지 다양한 영역을 포함한다. 예를 들어, AI는 특정 직원이 어떤 시간대에 가장 생산성이 높은지, 어떤 유형의 업무를 선호하는지, 어떤 도구를 사용할 때 가장 효율적인지 등을 분석하여 개인화된 업무 환경을 구성할 수 있다.

글로벌 기업 Google의 'Google Workspace'를 들 수 있다. Google Workspace는 AI 기술을 활용하여 각 사용자의 업무 패턴과 선호도를 학습하고 이를 바탕으로 개인화된 업무 환경을 제공한다. 예를 들어, 특정 사용자가 주로 어떤 동료들과 협업하는지, 어떤 유형의 문서를 자주 사용하는지 등을 분석하여 관련 리소스와 도구를 우선적으로 제시한다. 또한 AI 기반의 'Smart Compose' 기능은 사용자의 작성 스타일을 학습하여 이메일이나 문서 작성 시 맞춤형 문장 완성 제안을 제공한다. 이를 통해 직원들은 더욱 효율적으로 업무를 수행할 수 있다.

각 개인의 특성과 선호도에 맞춘 환경에서 일함으로써, 직원들은 더욱 편안하고 효율적으로 업무를 수행할 수 있게 되었다.

🐾 AI를 활용한 업무 프로세스 최적화와 직원 웰빙 지원

AI 기술은 업무 프로세스를 최적화하고 직원들의 웰빙을 지원함으로써 전반적인 업무 환경을 개선하고 있다. AI는 반복적이고 단순한 업무를 자동화하여 직원들이 보다 더 중요한 일에 몰입할 수 있게 하고, 업무 흐름을 분석하여 비효율적인 프로세스를 개선하는 데 도움을 준다. 또한 직원들의 건강과 well-being을 모니터링하고 지원도 가능하다.

AI 기반의 업무 프로세스 최적화 시스템은 기업 내의 다양한 업무 흐름을 분석하여 병목 현상이나 중복 작업 등을 식별하고, 이를 개선하기 위한 제안을 제공할 수 있다. 또한 각 직원의 업무량과 일정을 분석하여 업무 배분을 최적화하고 번아웃을 예방하는 데 도움을 준다. 직원 웰빙 지원 측면에서는 AI가 직원들의 업무 패턴, 스트레스 수준, 건강 상태 등을 모니터링하고 필요한 경우 적절한 지원이나 휴식을 제안할 수 있다.

마이크로소프트(Microsoft)의 'MyAnalytics' 및 'Workplace Analytics' 툴을 들 수 있다. 이 툴들은 AI를 활용하여 직원들의 업무 패턴을 분석하고, 생산성 향상과 웰빙 증진을 위한 아이디어를 제공한다. 예를 들어, MyAnalytics는 개인 직원에게 집중 업무 시간, 회의 시간, 이메일 처리 시간 등에 대한 분석 결과를 제공하고, 더 나은 시간 관리를 위한 제안을 한다. Workplace Analytics는 조직 차원에서 협업 패턴, 업무 부하, 직원 참여도 등을 분석하여 관리자들이 팀의 생산성과 웰빙을 개선할 수 있도록 지원한다. 이를 통해 마이크로소프트는 직원들의 업무 효율성을 높이고 동시에 work-life balance를 개선하였다고 한다.

이러한 AI 기반의 업무 프로세스 최적화 및 직원 웰빙 지원 시스템은 기업의 전반적인 생산성을 향상시키는 동시에 직원들의 만족도와 건강을 증진시키는 데 기여하고 있다. 직원들은 더 효율적이고 의미 있는 방식으로 일할 수 있게 되었으며, 동시에 자신의 건강과 웰빙이 회사가 중요하게 생각한다는 것을 느낄 수 있다.

☙ AI를 통한 업무 환경 최적화와 직원 만족도 향상

AI 기반의 시스템은 직원들의 업무 패턴, 선호도, 그리고 성과 데이터 등을 분석하여 개인별로 최적화된 업무 환경을 조성하고, 직원들의 니즈를 보다 정확히 파악하고 대응할 수 있다.

글로벌 컨설팅 기업인 액센츄어(Accenture)는 'AI-powered Career Intelligence' 시스템을 도입하여 직원들의 경력 개발과 만족도 향상을 지원하고 있다. 이 시스템은 직원들의 역량, 관심사, 그리고 경력 목표 등을 분석하여 개인별 맞춤형 경력 개발 계획을 제시한다. 예를 들어, 특정 기술 분야에 관심이 있는 직원에게는 관련 교육 프로그램과 프로젝트 기회를 추천하고 리더십 역량을 키우고 싶어 하는 직원에게는 멘토링 프로그램을 연결해준다.

이러한 AI 기반의 업무 환경 최적화와 직원 만족도 향상 노력은 직원들이 자신의 역량과 관심사에 맞는 업무를 수행함으로써 업무 몰입도와 성과가 향상될 수 있다. 그리고 개인의 성장과 회사의 목표가 같은 방향으로 일치하게 되어 직원들의 충성도가 높아질 수 있다. 또한 데이터 기반의 객관적인 인재 관리가 가능해져 직원관리에 있어서 공정성과 투명성이 향상될 수 있다.

개인화된 업무 환경의 조성, 업무 프로세스의 최적화, 그리고 직원 웰빙의 지원을 통해 AI는 보다 효율적이고 인간 중심적인 업무 환경을 만들어가고 있다.

그러나 AI를 활용한 업무 환경 개선이 완벽한 해결책은 아니다. 개인정보 보호, 기술에 대한 과도한 의존, 인간적 요소의 상실 등에 대한 우려는 여전히 존재한다. 따라서 기업은 AI 기술을 도입할 때 이러한 우려 사항들을 신중히 고려하고, 기술과 인간의 조화로운 공존을 추구해야 할 것이다.

미래의 업무 환경은 AI의 분석력과 효율성, 그리고 인간의 창의성과 감성을 적절히 조화시키는 방향으로 발전해 나갈 것이다. 기업은 AI 기술을 활용하여 더욱 스마트하고 개인화된 업무 환경을 구축해나가야 될 것이다.

직원을 깜짝 놀라게 한
AI의 복지 루트

직원 복지 측면에서도 AI의 영향력은 커지고 있고 이는 조직 문화에도 변화를 가져오고 있다. AI 기술은 개인화된 복지 서비스 제공, 효율적인 복지 프로그램 관리, 그리고 직원들의 니즈를 보다 정확히 파악할 수 있다.

⚜ AI를 활용한 개인화된 복지 서비스 제공

AI 기술의 발전으로 기업들은 각 직원의 특성과 필요에 맞춘 개인화된 복지 서비스를 제공할 수 있다. AI 기반의 복지 시스템은 직원들의 행동 패턴, 선호도, 그리고 생활 습관 등을 분석하여 최적화된 복지 혜택을 추천할 수 있다. 예를 들어, 운동을 좋아하는 직원에게는 헬스클럽 멤버십을, 자기계발에 관심 있는 직원에게는 온라인 교육 프로그램을 추천하는 식이다.

구글(Google)은 'Google Benefits'라는 AI 기반 복지 플랫폼을 운영하고 있다. 이 시스템은 직원들의 데이터를 분석하여 개인별 맞춤형 복지 패키지를 제안한다. 예를 들어, 자녀가 있는 직원에게는 육아 관련 복지를, 해외 근무를 선호하는 직원에게는 글로벌 업무 기회를 우선적으로 제공한다. 이를 통해 구글은 직원들의 다양한 니즈를 충족시키며, 높은 직원 만족도를 유지하고 있다.

AI 기반의 개인화된 복지 서비스는 직원들이 자신의 필요에 맞는 혜택을 쉽게 찾고 활용할 수 있게 함으로써, 복지 제도의 효과를 높이고 있다. 또한 기업 입장에서도 한정된 자원을 효율적으로 분배하여 최대의 효과를 낼 수 있다.

🐾 AI를 통한 효율적인 복지 프로그램 관리와 개선

AI 기술은 기업의 복지 프로그램을 보다 효율적으로 관리하고 지속적으로 개선하는 데 큰 역할을 하고 있다. AI는 방대한 데이터를 신속하게 분석하여 복지 프로그램의 효과성을 평가하고 이후 개선이 필요한 부분을 식별할 수 있다. 이를 통해 기업은 직원들의 실제 니즈에 부합하는 복지 정책을 수립하고 자원을 효율적으로 사용할 수 있게 된다.

미국의 대형 유통업체인 월마트(Walmart)는 AI 기반의

'Associate Experience Platform'을 도입하여 직원 복지 프로그램을 관리하고 있다. 이 시스템은 직원들의 복지 혜택 이용 패턴, 만족도 조사 결과, 그리고 퇴사율과 같은 다양한 데이터를 분석하여 복지 프로그램의 효과성을 평가한다. 예를 들어, 특정 복지 혜택이 직원 유지율 향상에 미치는 영향을 분석하고, 이를 바탕으로 복지 정책을 조정한다. 이를 통해 월마트는 직원들의 실제 니즈에 부합하는 복지 정책을 수립하고, 높은 직원 만족도를 유지하고 있다고 한다.

개인화된 복지 서비스 제공과 효율적인 복지 프로그램 관리를 통해서 AI는 직원들의 다양한 니즈를 충족시키고 기업의 복지 정책 효과성을 높일 수 있다.

그러나 AI 기술의 활용이 가져올 수 있는 잠재적인 문제점들도 고려해야 한다. 개인정보 보호, 데이터 편향성, 그리고 기술에 대한 과도한 의존 등의 이슈들에 대해 기업들은 신중하게 접근해야 할 것이다. 또한 AI 기술이 인간의 판단과 직관을 완전히 대체할 수 없다는 점을 인식하고, 기술과 인간의 조화로운 협력을 추구해야 할 것이다.

자연스럽게
코어 협업이 증가하다

AI 역할이 확대되면서 직원 간 협업 촉진 측면에서도 AI의 영향력이 커지고 있다. 이 또한 조직문화에 많은 변화를 가져오고 있다. AI 기술은 효율적인 팀 구성, 실시간 의사소통 지원, 프로젝트 관리 최적화 등을 통해 직원들 간의 협업을 더욱 원활하게 만들고 있다.

◈ AI를 활용한 효율적인 팀 구성과 협업 환경 조성

AI 기술의 발전으로 기업들은 각 직원의 능력, 경험, 성격 등을 종합적으로 분석하여 최적의 팀을 구성할 수 있다. 이는 프로젝트의 성공 확률을 높이고, 팀 내 갈등을 줄이며, 직원들의 역량을 최대한 발휘할 수 있는 환경을 조성하는 데 기여하고 있다.

AI 기반의 팀 구성 시스템은 직원들의 과거 프로젝트 수행 이력, 전문 분야, 협업 스타일 등을 분석하여 프로젝트의 특성에 맞는 최적의 팀원 조합을 추천한다.

IBM은 'Watson Talent'라는 AI 기반 인재 관리 플랫폼을 운영하고 있다. 이 시스템은 직원들의 역량, 경험, 성격 특성 등을 분석하여 프로젝트별로 최적의 팀을 구성한다. 예를 들어, 창의적인 아이디어가 필요한 프로젝트에는 혁신적 사고를 가진 직원들을, 빠른 실행이 필요한 프로젝트에는 실행력이 뛰어난 직원들을 배치하는 식이다. 이를 통해 IBM은 프로젝트 성공률을 높이고, 직원들의 직무 만족도를 향상시키고 있다고 한다.

AI 기반의 팀 구성 및 협업 환경 조성은 우선 각 직원의 강점을 최대한 활용할 수 있는 환경을 만들어 개인의 성장과 조직의 성과를 동시에 높일 수 있다. 그리고 다양한 배경과 역량을 가진 직원들의 조화로운 협업을 통해 창의적인 문제 해결이 가능해진다. 또한 팀 내 갈등을 최소화하고 원활한 의사소통을 촉진함으로써 프로젝트의 성공 확률을 높일 수 있다.

☝ AI를 통한 실시간 의사소통 지원과 프로젝트 관리 최적화

AI 기술은 직원들 간의 실시간 의사소통을 지원하고 프로젝트 관리를 최적화하는 데 큰 역할을 하고 있다. AI 기반의 협업 툴은 언어 장벽을 극복하고, 시간대가 다른 글로벌 팀 간의 소통을 원활하게 하며, 업무 진행 상황을 실시간으로 모니터링하고 분석하여 효율적인 프로젝트 관리를 가능하게 한다.

미국의 기업용 메신저 서비스인 Slack은 AI 기능을 지속적으로 활용하고 있다. Slack의 AI 기능은 대화 내용을 실시간으로 번역하고, 중요한 메시지를 자동으로 요약하며 업무 관련 질문에 대한 답변을 즉시 제공한다. 예를 들어, 글로벌 팀이 협업할 때 각자의 모국어로 대화를 나누면 AI가 실시간으로 번역하여 언어 장벽을 없앨 수 있다. 또한 프로젝트 관련 질문에 대해 AI가 과거의 대화 내용이나 문서를 분석하여 즉시 답변을 제공함으로써 업무 효율성을 높일 수 있다.

이러한 AI 기반의 실시간 의사소통 지원과 프로젝트 관리 최적화는 시간과 장소의 제약 없이 효율적인 협업이 가능해지고 글로벌 비즈니스 환경에서의 경쟁력을 상승시킬 수 있다. 그리고 의사결정 과정이 빨라지고 정확해져 업무 처리 속도와 정확성이 좋아질 수 있다. 또한 반복적이고 단순한 관리 업무가 줄어들어 직원들이 보다 창의적이고 가치 있는 업무에 집중할 수 있다.

이러한 변화는 수평적이고 신속한 의사소통이 가능해짐에 따라 조직의 계층 구조가 유연해지고, 아이디어의 자유로운 교환이 가능해진다. 또한 데이터 기반의 의사결정 문화가 형성되어 보다 객관적이고 합리적인 의사결정이 이뤄질 수 있다.

효율적인 팀 구성, 실시간 의사소통 지원, 프로젝트 관리 최적화 등을 통해 AI는 직원들 간의 협업을 더욱 원활하게 만들고, 조직의 생산성과 혁신 능력을 높일 수 있다.

그러나 AI 기술의 활용이 가져올 수 있는 잠재적인 문제점들도 고려해야 한다. 개인정보 보호, 기술에 대한 과도한 의존, 그리고 인간적 교류의 감소 등의 이슈들에 대해 기업들은 신중하게 접근해야 할 것이다. 또한 AI 기술이 인간의 창의성과 감성적 소통을 완전히 대체할 수 없다는 점을 인식하고 기술과 인간의 조화로운 협력을 추구해야 할 것이다.

직장 내 스트레스를 삼켜버린
AI 건강 케어

　직원들의 스트레스 관리 향상 측면에서도 AI의 영향력이 두드러지고 있다. AI 기술은 개인화된 스트레스 관리 솔루션 제공이 가능하다. 이러한 변화는 직원들의 웰빙과 업무 만족도 향상으로 이어지고 있다.

❖ AI를 활용한 개인화된 스트레스 관리 솔루션

　AI 기술의 발전으로 기업들은 각 직원의 특성과 상황에 맞춘 개인화된 스트레스 관리 솔루션을 제공할 수 있을 것이다. 이는 직원들의 정신 건강을 효과적으로 관리하며, 결과적으로 업무 효율성 향상과 이직률 감소를 가져올 수 있다. AI 기반의 스트레스 관리 시스템은 직원들의 업무 패턴, 생체 신호, 그리고 행동 데이터 등을 분석하여 개인별 맞춤형 관리 방안을 제시할 수 있다.

미국의 마이크로소프트(Microsoft)사는 'MyAnalytics'라는 AI 기반 개인 생산성 및 웰빙 플랫폼을 운영하고 있다. 이 시스템은 직원들의 업무 패턴을 분석하여 과도한 업무 시간, 집중 시간 부족, 비효율적인 회의 참석 등을 식별하고 개선 방안을 제시한다. 예를 들어, 장시간 연속 근무를 하는 직원에게는 적절한 휴식 시간을 제안하고, 업무 외 시간에 이메일을 자주 확인하는 직원에게는 'work-life balance' 개선을 위한 조언을 제공한다. 이를 통해 마이크로소프트는 직원들의 스트레스를 줄이고 업무 만족도를 높이는 효과를 보이고 있다고 한다.

이러한 AI 기반의 개인화된 스트레스 관리 솔루션은 각 직원의 상황과 필요에 맞는 맞춤형 관리가 가능해져 스트레스 관리의 효과성이 높아진다. 그리고 스트레스 요인을 조기에 발견하고 대응함으로써 심각한 정신 건강 문제를 예방할 수 있다. 또한 직원들이 자신의 상태를 객관적으로 파악하고 관리할 수 있게 되어 자기 스스로 즉 자기 주도적 건강 관리를 할 수 있다.

🔰 AI 정신관리 상담사

AI 챗봇과 가상 상담사의 도입으로 24시간 접근 가능한 정신 건강 지원 서비스가 가능해졌다. 이는 특히 대면 상담에 대한 부담감이나 시간적 제약으로 도움을 받지 못했던 직원들에게 큰 혜택이 되고 있다. 영국의 디지털 은행 Monzo는 'Spill'이라는 AI 기반 정신 건강 플랫폼을 도입하여 직원들이 언제든지 익명으로 상담을 받을 수 있도록 지원하고 있다. 이 플랫폼은 초기 평가를 통해 직원의 상태를 파악하고, 필요에 따라 전문 상담사와의 연결까지 제공한다. 이처럼 AI는 개인화된 웰빙 프로그램을 제공함으로써 직원들의 정신 건강 증진을 돕고 있다.

AI 기술의 도입은 기업의 인사 관리, 특히 직원들의 스트레스 관리 측면에서 긍정적인 변화를 가져오고 있다. 개인화된 스트레스 관리 솔루션 제공은 직원들의 웰빙을 증진 시키고 업무 만족도를 높이는 데 기여하고 있다.

그러나 AI 기술의 활용이 가져올 수 있는 잠재적인 문제점들도 고려해야 한다. 개인정보 보호, 기술에 대한 과도한 의존, 그리고 인간적 요소의 경시 등의 이슈들에 대해 기업들은 신중하게 접근해야 할 것이다. 또한 AI 기술이 인간의 감성과 창의성을 완전히 대체할 수 없다는 점을 인식하고 기술과 인간의 조화로운 협력을 추구해야 할 것이다.

인간에 대한 더 깊은 인류애가 피어나는 세상

조직 내 갈등 해소 측면에서도 AI의 영향력은 커져가고 있으며 조직문화의 변화에도 영향을 미치고 있다. AI 기술은 객관적인 데이터 분석을 통한 갈등 예측, 공정한 의사결정 지원, 그리고 효과적인 커뮤니케이션 촉진 등을 통해 조직 내 갈등을 줄이고 해소하는 데 기여하고 있다.

⬡ AI를 활용한 갈등 예측 및 예방

AI 기술의 발전으로 기업들은 조직 내에서 발생할 수 있는 갈등을 사전에 예측하고 예방할 수 있다. AI 기반의 갈등 예측 시스템은 직원들의 업무 패턴, 커뮤니케이션 데이터, 성과 평가 결과 등 다양한 데이터를 분석하여 잠재적인 갈등 요인을 식별하고, 이를 관리자들에게 알려준다. 이를 통해 기업은 갈등이 상황이 악화되기 전에 적절한 대응을 할 수 있게 되었다.

글로벌 컨설팅 기업인 Deloitte는 'Predictive Project Analytics'라는 AI 기반 시스템을 활용하고 있다. 이 시스템은 프로젝트 팀 내에서 발생할 수 있는 갈등을 예측하고 관리하는 데 도움을 준다. 예를 들어, 팀원들의 업무 스타일 차이, 의사소통 패턴, 그리고 과거 프로젝트 경험 등을 분석하여 잠재적인 갈등 요인을 식별한다. 만약 특정 팀에서 의사소통 문제가 발생할 가능성이 높다고 예측되면, 시스템은 관리자에게 이를 알리고 팀 빌딩 활동이나 커뮤니케이션 워크숍 등의 예방적 조치를 제안한다. 이를 통해 Deloitte는 프로젝트 성공률을 높이고 팀 내 갈등을 최소화하고 있다.

이러한 AI 기반의 갈등 예측 및 예방 시스템은 갈등이 나타나기 전에 문제를 해결할 수 있어 조직의 생산성과 효율성에 향상을 가져온다. 그리고 데이터 기반의 객관적인 분석을 통해 편견 없는 갈등 관리가 가능해진다. 또한 지속적인 모니터링을 통해 조직의 건강 상태를 실시간으로 파악하고 관리할 수 있다.

🔖 AI를 통한 공정한 의사결정 지원과 효과적인 커뮤니케이션 촉진의 갈등 해소

AI 기술은 조직 내 의사결정 과정을 보다 공정하고 투명하게 만들어 갈등의 소지를 줄이는 데 기여하고 있다. 또한 AI 기반의 커뮤니케이션 도구들은 조직 구성원 간의 효과적인 소통을 촉진하여 오해로 인한 갈등을 줄일 수 있다.

IBM은 'AI Fairness 360'이라는 오픈소스 툴킷을 개발하여 사용하고 있다. 이 툴킷은 AI 시스템의 의사결정 과정에서 발생할 수 있는 편견을 감지하고 완화하는 데 사용된다. 예를 들어, 직원 평가나 승진 결정 과정에서 성별, 인종, 나이 등에 따른 불공정한 결과가 나오지 않도록 지원할 수 있다. 만약 특정 그룹에 대한 편향이 감지되면, 시스템은 이를 관리자에게 알리고 보다 공정한 의사결정을 위한 대안을 제시할 수 있다고 한다. 이를 통해 IBM은 조직 내 형평성을 높이고, 불공정한 대우로 인한 갈등이 감소되고 있다고 한다.

AI 기반의 공정한 의사결정 지원과 효과적인 커뮤니케이션 촉진은 객관적이고 공정한 의사 결정 과정을 통해 조직 구성원들의 신뢰가 높아질 수 있다. 그리고 효과적인 커뮤니케이션을 통해 오해로 인한 갈등이 줄어들고 협력적인 분위기가 형성될 수 있다.

갈등의 예측과 예방 및 공정한 의사결정 지원, 그리고 효과적인 커뮤니케이션 촉진을 통해 AI는 조직 내 갈등을 줄이고 해소하는 데 큰 역할을 할 수 있다.

그러나 AI 기술의 활용이 가져올 수 있는 잠재적인 문제점들도 고려해야 한다. 개인정보 보호, 기술에 대한 과도한 의존, 그리고 인간적 판단의 중요성 경시 등의 이슈들에 대해 기업들은 신중하게 접근해야 할 것이다. 또한 AI 기술이 인간의 감성적 이해와 공감 능력을 완전히 대체할 수 없다는 점을 인식하고, 기술과 인간의 조화로운 협력을 추구해야 할 것이다.

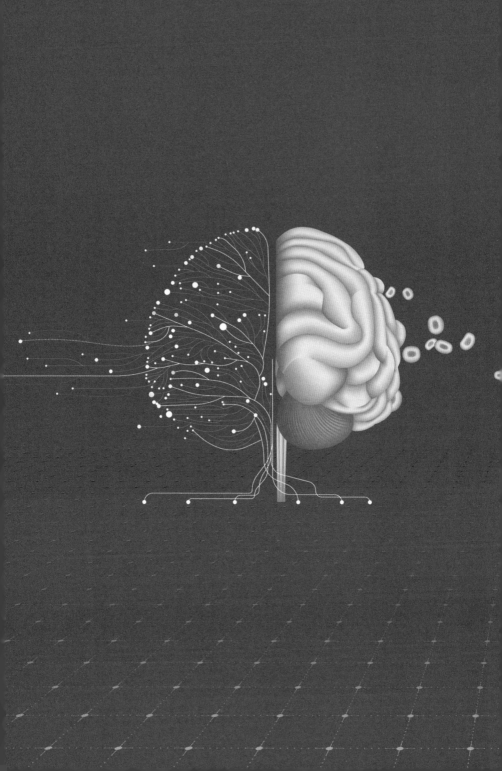

Chapter.6

AI 변화의 파도,
어떻게 서핑하나?

변화의 파도를 피할 수 없음을 인정하라

이 책의 집필 목적이기도 하다. 당신은 AI 시대라는 변화의 시기를 어떻게 맞이하고 준비해야 되는가를 알아보기 위해서 이 책을 집어 들었을 것이다.

❖ AI 기술 전환의 상황

최근 기업들이 생성형 인공지능을 도입하는 움직임이 활발해지면서 '디지털 및 인공지능 전환'이라는 용어가 주목받고 있다. 이 개념은 인공지능이 디지털 전환을 대체하는 것이 아니라, 오히려 인공지능을 통해 디지털 전환을 확장하는 방향으로 이해해야 한다. 하지만 인공지능 기술이 더욱 발전하더라도, 현재로서는 '인공지능 전환'이라는 진정한 시대에 도달하지 못하고 있

다. (《더 디엑스》, 최성훈)

한국산업진흥기술협회가 발표한 2023년 조사에 따르면, 디지털 전환을 추진하거나 계획하고 있는 기업의 거의 절반인 48.9%가 생성형 인공지능 기술 및 서비스의 활용을 검토 중인 것으로 나타났다. 그러나 실제로 생성형 인공지능을 적용한 디지털 전환 사례는 극소수에 그치고 있다. 디지털 전환은 전 세계적으로 중요한 이슈로 부각되고 있지만, 국내 기업들의 디지털 전환 활동은 기대에 미치지 못하는 상황이다. 특히, 디지털 전환을 적극적으로 추진하는 기업은 10%에도 미치지 않으며, 전문 인력을 보유한 기업은 6.2%, 전담 조직을 운영하는 기업은 2.1%에 불과하다.

AI 기술 전환이라는 거대한 흐름에 일찍이 올라탄 기업들조차도 실적이 기대 이하인 경우가 많다. 방향성을 잃고 혼란에 빠진 사례가 많으며, 이는 한국 기업만의 문제가 아니다. 세계적으로도 성공적인 변화를 이룬 기업은 많지 않다. 맥킨지가 발표한 2018년 조사에 따르면 디지털 전환 성공은 약 30% 수준에 이른다고 한다.

🐾 AI 기술 전환 실패의 주요 원인

보스턴컨설팅그룹은 AI 기술 전환의 주요 실패 원인을 사람과 관련된 측면, 즉 조직 구조, 운영 모델, 프로세스, 그리고 기업

문화에 있다고 지적했다. 그들은 깊이 뿌리내린 행동 패턴이 조직의 관성이 되어 큰 장애물로 작용한다고 설명한다. 즉, AI 기술 전환은 단순히 새로운 기술을 수용하는 데 그치지 않고, 회사의 비즈니스 모델과 조직 구조, 문화 전반에 걸친 변화를 요구한다.

AI 기술 전환을 시도하였지만, 그 성과에 대해 불만족스러운 이유로는, 관련 기술 및 시스템 구축과 인력 운영에 드는 비용이 상당함에도 불구하고 가시적인 효과가 미비하다는 점이 2023년 한국산업진흥기술협회에서 발표한 자료에서 확인되었다.

AI 기술 전환의 성공 여부는 외부에서 쉽게 드러나지 않는 내부 역량에 크게 좌우된다. CEO가 멋진 비전을 제시하고 구체적인 계획을 수립하며 막대한 자금을 투자하더라도, 실제로 임상적으로 벌어지는 일들은 종종 예기치 못한 경우가 많다. 다국적 기업들이 겪은 실패 사례에서도 볼 수 있듯이, 비전만 선언하고 필요한 지원 없이 결과만을 요구하는 CEO가 있는가 하면, 단기 성과에만 집중하여 외부적으로 보이는 수치에만 신경 쓰는 경영진도 존재한다. 이런 상황에서는 디지털 전환 조직이 비난받지 않기 위한 결과물만을 만들어내는 목표가 설정될 위험이 있다. 또한, 디지털 전환의 지속성을 고려하지 않는 인사와 예산 편성, 그리고 이를 승진의 수단으로 삼는 내부 정치가 얽힐 경우, 디지털 전환은 흔들리기 마련이다. 이러한 경우, 대개 디지털 전환은

방향을 잃고 흐지부지한 결말을 맞이하게 된다.(《더 디엑스》, 최성훈)

현재까지의 AI 기술 전환의 진행 상황은 기대에 미치지 못하고 있으며, 많은 기업들이 실패를 경험하고 있다. AI 기술 전환의 성공 여부는 단지 TFT(Task Force Team)의 노력뿐만 아니라 조직 문화, 인력 관리 등 전체적인 내부 역량이 중요하다.

또한 기업의 대다수가 여전히 명확한 방향성을 갖지 못하고 있으며, 단기적 성과에 집중하거나 외부의 시각만을 중시하는 경영진의 태도가 문제 될 수 있다.

효과적인 디지털 전환을 위해서는 기술과 더불어 조직의 전반적인 변화가 필요하며, 지속가능한 전략과 비전을 수립하는 것이 중요하다. 기업은 단순히 기술적 변화를 넘어, 내부 문화와 구조를 재정비하고, 인재를 육성해야 하는 장기적인 플랜을 가져야 한다.

AI 물결의 흐름을 타는 성공 자세

　앞에서 살펴본 AI 기술 전환의 상황과 주된 실패 이유에 대해서 인사팀에서 AI 기술을 도입하고 계획하는 사람이라면 반드시 확인해야 될 상황이다.

　용어상, AI 기술 전환 대신 AI 인사 제도 도입을 바꿔서 사용해도 무방할 것이다. AI 인사 제도의 도입 또한 회사마다 차이는 있을 수 있지만, 많은 비용과 인력이 소요되고 조직 문화 등 조직 전체의 영향을 살펴봐야 되기 때문이다.

　AI 기술 전환도 결국 지금까지 조직에 있어 왔던 변화의 하나이다. 지금까지 없었던 대혁신 등 여러 가지 수식어로 AI가 우리에게 다가오는 것을 표현하지만, 결국 이것 또한 변화의 한 종류이고, 우리는 이러한 변화에 올바른 태도를 가지는 것이 변화에 대응하는 우리 기본 자세일 것이다.

변화에 대한 개방성을 가져야 한다. 새로운 시스템과 프로세스가 도입될 때, 우리는 변화에 대해 열린 마음을 가지는 것이 중요하다. 이는 새로운 기술에 대한 두려움을 줄이고, 적극적으로 참여할 수 있는 기반이 된다. 인사 담당자는 변화를 긍정적으로 받아들이는 문화를 조성하기 위해 다양한 소통의 기회를 마련해야 한다.

변화의 필요성을 이해해야 한다. AI 인사 제도의 도입 배경과 이점에 대해 직원들에게 충분히 설명하고, 왜 이러한 변화가 필요한지를 명확히 전달해야 한다. 이를 통해 직원들은 변화의 목표와 방향성을 이해하고, 자발적으로 참여할 가능성이 높아진다.

지속적인 학습의 중요성을 강조해야 한다. AI 기술은 급속도로 진화하고 있으며, 이에 따른 지속적인 학습이 필요하다. 직원들이 변화에 적응하기 위해 필요한 교육과 훈련을 제공하고, 새로운 기술을 배우는 데 대한 긍정적인 태도를 갖도록 유도해야 한다. 이는 직원들이 변화에 대한 두려움을 줄이고, 자신감을 가질 수 있도록 돕는다.

피드백을 활성화해야 한다. 변화 과정에서 직원들의 의견과 피드백을 적극적으로 수렴하는 것이 중요하다. 이를 통해 직원들은 변화에 대한 주체적인 역할을 느끼고, 변화에 대한 긍정적인 태도를 가질 수 있다. 피드백을 통해 문제점을 조기에 발견하고, 필요한 조치를 취할 수 있는 기회를 마련해야 한다.

변화의 성공 사례를 공유해야 한다. 초기 도입 단계에서 긍정적인 결과가 나타나면 이를 조직 내에서 공유함으로써 다른 직원들에게도 긍정적인 영향을 미칠 수 있다. 성공적인 사례는 변화에 대한 신뢰를 구축하고, 더 많은 직원들이 변화에 동참하도록 유도하는 데 기여할 수 있다.

IBM은 'Watson Career Coach'라는 AI 기반 경력 개발 플랫폼을 도입하여 성공을 하였다. 이 시스템은 직원들의 역량과 관심사를 분석하여 맞춤형 경력 경로를 제시하고, 필요한 교육을 추천한다. IBM은 직원들에게 새로운 시스템의 도입 배경과 목표를 투명하게 공유하고, 초기 단계부터 직원들의 의견을 적극적으로 수렴하였다. 또한 성공 사례를 지속적으로 공유하여 다른 직원들의 참여를 유도하였다. 이러한 노력으로 IBM은 직원들의 경력 개발을 효과적으로 지원하고, 인재 유출을 줄이는 데 성공하였다.

Unilever는 새로운 시스템 도입 전 직원들에게 AI 기술의 필요성과 이점을 상세히 설명하였다. 또한 HR 팀을 대상으로 AI 기술에 대한 교육을 실시하여 새로운 시스템에 대한 이해도를 높였다. 회사는 시스템 도입 초기부터 지속적으로 피드백을 수집하고, 이를 바탕으로 시스템을 개선하였다.

Unilever는 AI 채용 시스템의 성공 사례를 적극적으로 공유하였다. 이는 다른 부서와 지역에서도 새로운 시스템을 긍정적으로 받아들이는 계기가 되었습니다. 이 사례는 AI 기술 도입 시 변화 관리의 중요성을 잘 보여주고 있다.

이와 같은 AI 인사제도 도입에 대한 인사 관리 담당자의 태도와 대응책을 살펴보았다. 이는 조직 전체가 AI 인사 제도의 도입을 긍정적으로 받아들이고, 성공적인 변화를 이루는 데 첫 단계가 될 것이다. 한편으로는 너무나 당연한 이야기일 수도 있지만, 이럴수록 기본을 등한시할 수 있으니 기본을 유념해야 될 것이다.

Fast follower가
되자

　앞에서 보듯이 AI 기술의 신속한 발전은 기업 운영의 모든 측
면에 혁신적인 변화를 일으키고 있다. 특히 인사 관리 분야에서
AI의 도입은 기존의 관행을 뒤엎고 새로운 패러다임을 제시하
고 있다. 이러한 변화의 물결 속에서 많은 기업들이 AI 기술을
어떻게 활용할지, 그리고 얼마나 빠르게 도입해야 할지에 대해
고민하고 있다. 이러한 상황에서 '빠른 추종자(Fast Follower)' 전
략에 대해 살펴보고자 한다. 빠른 추종자 전략은 새로운 기술이
나 트렌드를 가장 먼저 도입하는 선도자(First Mover)의 위험을 피
하면서도, 시장의 변화에 신속하게 대응할 수 있는 전략으로, AI
시대의 인사 관리 변화에 대응하는 데 있어 효과적인 접근법이
될 수 있다.

🐾 인사 관리 분야에서의 빠른 추종자(Fast Follower) 전략

AI 기술의 빠른 발전과 이에 따른 인사 관리 분야의 변화 속에서, 많은 기업들이 어떤 전략을 취해야 할지 고민하고 있다. 이러한 상황에서 '빠른 추종자(Fast Follower)' 전략은 효과적인 대안이 될 수 있다.

빠른 추종자 전략의 핵심은 새로운 기술이나 트렌드를 가장 먼저 도입하는 것이 아니라, 선도 기업들의 성공 사례와 실패 사례를 면밀히 관찰하고 분석한 후, 신속하게 따라가는 것이다. 이는 AI를 인사 관리에 도입하는 과정에서 발생할 수 있는 위험을 최소화하면서도, 변화의 흐름에 뒤처지지 않을 수 있는 균형 잡힌 접근법이다.

AI 기술의 발전 동향과 인사 관리 분야에서의 적용 사례를 지속적으로 모니터링해야 한다. 이를 위해 전담 팀을 구성하거나 외부 전문가와의 협력 관계를 구축하는 것이 필요하다. 특히 경쟁 기업이나 선도 기업들의 AI 도입 사례를 면밀히 분석하여, 성공 요인과 실패 요인을 파악해야 한다.

AI 기술의 도입을 위한 내부 역량을 단계적으로 강화해 나가야 한다. 이는 AI 관련 전문 인력의 확보와 육성, 데이터 인프라의 구축, 그리고 조직 구성원들의 AI 리터러시(literacy) 향상 등을 포함한다. 이러한 준비 과정을 통해 AI 기술을 효과적으로 도입하고 활용할 수 있는 기반을 마련할 수 있다.

AI 기술의 도입을 위한 파일럿 프로젝트를 실시해 볼 수 있다. 파일럿 프로젝트란 특정한 아이디어나 계획을 소규모로 시험해 보는 프로젝트를 말한다. 예를 들어, 채용 프로세스의 일부에 AI 기반 솔루션을 시험적으로 도입해보거나, 소규모 팀을 대상으로 AI 기반 성과 관리 시스템을 적용해 볼 수 있다. 이를 통해 실제 도입 시 발생할 수 있는 문제점들을 미리 파악하고 대비할 수 있다.

AI 기술 도입으로 인한 윤리적 및 법적 쟁점에 대한 대비도 필요하다. 개인정보 보호, 알고리즘의 편향성 문제, AI 의사결정의 명확성 등 AI 사용에 따른 다양한 이슈들에 대해 선제적으로 대응 방안을 마련해야 한다.

조직 구성원들의 변화 관리도 중요하다. AI 도입에 따른 불안감이나 저항을 완화하기 위해, 지속적인 커뮤니케이션과 교육이 필요하다. AI가 인간을 대체하는 것이 아니라 지원하는 도구라는 인식을 심어주고, AI와의 협력 능력을 발전시킬 수 있도록 도와야 한다.

이러한 빠른 추종자 전략을 통해 기업은 AI 기술 도입에 따른 위험을 최소화하면서도, 인사 관리 혁신의 흐름에 뒤처지지 않을 수 있다. 또한, 선도 기업들의 시행착오를 통해 얻은 교훈을 바탕으로 보다 효과적이고 효율적인 AI 도입이 가능해질 것이다.

AI 기술의 도입은 단순히 최신 기술을 적용하는 것 이상의 의미를 갖는다. 조직의 문화, 프로세스, 인프라 등 다양한 요소들이 함께 변화해야 하며, 윤리적, 법적 측면에서의 고려도 필요하다. 이러한 복잡성과 불확실성 속에서 '빠른 추종자' 전략은 기업이 AI 시대의 인사 관리 변화에 효과적으로 대응하는 방안이 될 수 있다.

빠른 추종자 전략을 통해 기업은 선도 기업들의 경험을 학습하고, 내부 역량을 단계적으로 강화하며, 시행착오를 최소화하면서 AI 기술을 인사 관리에 도입할 수 있다.

변화의 시작과 끝은 자기 자신

지금도 미국에서 조직과 개인의 변화 부분에서 스테디셀러인 《딥 체인지》의 저자이자 조직 행동론과 조직이론 분야에 저명한 학자인 로버트 E. 퀸은 변화의 유형을 '점진적 변화'와 '근원적 변화'로 나누었다. 점진적 변화는 대개 한정된 범위를 넘지 못하며, 중간에 포기할 가능성도 있다. "만약 변화가 계획대로 이루어지지 않으면 언제든지 이전의 방식으로 돌아갈 수 있다는 점이 문제이다"라고 이야기했다.

따라서 점진적 변화만으로는 과거의 습관에서 벗어날 수 없다. 이는 단순히 과거의 연장선에 불과하다. 더욱 심각한 점은 이러한 점진적 변화가 진행되는 동안 모든 것이 잘되고 있다는 착각에 빠지게 만든다는 것이다.

반면, 근원적 변화는 점진적 변화와는 달리 전혀 새로운 사고 방식과 행동 방식을 요구한다. 근원적 변화는 기존의 지식과 기술을 모두 버리고 불확실한 세계로 뛰어드는 것을 의미한다.

이러한 변화를 위해서는 위험을 감수해야 하며, 다른 사람들에게도 근원적 변화를 일으키기 위해서는 먼저 자신이 변화해야 한다. 근원적 변화를 시도하지 않을 경우 치러야 할 대가는 점진적 죽음의 길이라는 점을 인식해야 한다고 하였다.

또한 로버트 E. 퀸은 조직의 근원적 변화는 개인의 근원적 변화에서 온다고 하였다. 개인의 내부가 변화함으로써 조직의 변화도 가져올 수 있다고 하였다. 그의 후속작인 《리딩체인지 (leading change)》에서도 수많은 컨설팅 사례에서 각 개인의 변화로 조직의 변화를 성공적으로 이끌었다는 피드백을 받았다고 한다.

그는 개인의 근원적인 변화를 위해서 구체적인 8가지 실행 방안을 제시하였는데, 여기서는 '시간(TIME)' 관리, '건강(HEATH)' 관리, '마음(MIND)' 관리, '독서(READING)' 관리의 4가지 영역에서 이야기하고자 한다. 이러한 4분야에서 개인의 변화가 이뤄진다면

AI 변화의 물결도 쉽게 헤쳐 나갈 것이다.

당신에게는 더 많은 시간확보가 필요하다

최근에는 AI 기술을 학습하기에도 시간에 많이 쫓긴다. 특히 직장인으로서의 바쁜 삶을 살고 있기에 어떤 새로운 것을 학습하고 연습하기에는 시간이 없다. 새로운 기술은커녕 한 달에 한 권의 책도 읽기 힘들다. 하지만 한 달에 한 권의 책도 읽지 못한다고 이것을 환경이나 남의 탓으로 돌릴 수 없다. 어떻게 해서든 시간을 만들기 위해서 나의 시간 구조를 개선해야 된다. 그랜트 카돈의 《10배의 법칙》에서는 미국에서 가장 높은 연봉을 받는 CEO는 일반 근로자보다 319배 더 많은 돈을 벌며, 연간 60권 이상의 책을 읽는다고 한다. 이들은 모두 우리들보다 바쁘고 시간이 없지만, 효율적인 시간관리를 통해서 연간 60권의 책을 읽을 수 있었을 것이다.

아울러 성공한 사람과 성공하지 못한 사람의 가장 큰 차이는 실패하거나 어려움이 닥쳤을 때 핑계를 대는가 그렇지 않은가에 있다. 성공한 사람은 외부의 어려움을 보지 않고, 자신의 문제를 개선하는 데 집중한다.

나 또한 시간이 없다는 핑계를 대지 않고 나의 시간 사용 방식에 대해서 구조조정이 들어갔다.

기상 시간을 더 당기다

나의 경우도 매일 5시부터 6시까지 BRT(Bible Reading Time) 멤버들과 함께 성경 읽기를 한다. 3명 정도가 한 팀이 되어 그 중 리더가 새벽에 그룹통화로 전화를 걸어 멤버들을 깨우고 성경을 2절씩 번갈아 가면서 읽는 모임이다. 그리고 6시에서 7시까지는 그 외 경영 서적 등 독서 시간을 가지고 있다. 하지만 항상 시간이 조금은 부족하다는 생각이 들었다.

그리고 매주 토요일 아침 7시에 1권의 책을 선정해서 읽고 그 책에 대해서 강환규 대표님이 다시 강의하고 나서 서로 토론하는 시간을 가지는 '봄들애 독서모임'을 아내와 함께 참석해왔다. 그러던 중에 2024년 7월 20일, 봄들애에서 열린 이광호 저자님의 《초필사력》 특강을 듣고 나의 시간관리도 바뀌게 되었다.

《초필사력》에서 그는 명리학에서 배운 12간지 시간표를 참고하여 '인시(寅時)'(새벽 3시~5시)가 봄의 시작과 연결된다는 사실을 알게 되었다고 한다. 그는 하루의 봄을 새벽 3시부터 아침 9시까지로 정했다. 이렇게 하면 봄, 여름, 가을, 겨울이 각각 6시간씩 나뉘어 1년 같은 하루가 만들어진다.

다음 날, 그는 평소처럼 새벽 5시에 일어났지만, 뿌듯함을 느끼지 못했다고 한다. 왜냐하면 사계절 시간표에 따르면 이미 봄의 삼분의 일이 지나간 상태였기 때문이다. 봄은 기회의 계절인데(The Seasons of Life, 로버트 웨스트), 하루를 1년으로 환산해 보니 3월을 그냥 놓쳐버린 기분이 들었다고 한다. 그는 다음날부터 기상 시간을 3시로 조정하기로 결심하였고, 일찍 잠자리에 들기 위해 가족에게 양해를 구한 후, 운동과 식단을 조절하며 새벽 3시 기상을 습관화하기 위해서 여러 날 동안 시행착오를 겪었다고 한다.

나 또한 새벽 5시 일어나서 하루를 시작한다는 나름의 자부심이 한순간에 무너졌다. 오전 3시부터 오전 9시까지는 그의 하루를 1년으로 환산하면 사계절인 봄, 여름, 가을, 겨울 중에 봄에 해당된다. 봄은 1년 중 3월, 4월, 5월에 해당된다. 오전 3시~5시는 3월, 오전 5시~7시는 4월, 오전 7시~9시는 5월이다. 지금까지 5시에 일어났다면 봄의 3월을 놀았던 것이다. 3월을 날리고 시작하는 농부는 가을 결실이 뻔하다. 정신이 번뜩 들었다. 기상

시간을 5시에서 3시로 옮기기로 했다. 나 또한 가족에게 먼저 양해를 구하고 9시에 잠을 청하여 3시에 기상해서 책을 읽고 독서노트를 쓰기 시작했다. 부족할 수 있는 수면 시간은 회사에 일찍 도착한 경우 차에서, 혹은 회사 전체 휴식 시간이나 점심 시간 중에 10분 정도 수면을 통해서 피로를 풀 수 있었다. 주말에는 3시 기상보다는 좀 더 수면을 취한 다음에 기상을 하였다. 새벽 3시부터 7시 출근 전까지의 4시간은 온전히 내가 주관하는 사업가 마인드의 삶을 느낄 수 있다.

💠 단지 시간 확보를 위한 퇴사는 위험

한때 본인도 나만의 사업을 위해 퇴사를 한 적이 있다. 아침에 아이들만 보내면 나머지 시간은 다 나의 것이라고 생각했다.

단언컨대, 퇴사한다고 시간이 많아질 것 같지만 그렇지 않다. 특히 맞벌이의 경우는 아이 양육과 집안 살림을 해야 되기 때문에 아침에 아이들을 보내고 설거지를 마치고 나서 달콤한 믹스 커피 타임이 끝나면 다시 식사 준비와 청소 또는 집안일을 하고 나면 어느덧 아이들이 어린이집에서 돌아오고 저녁을 준비해야 한다. 오히려 직장 다닐 때보다 시간이 더 없다. 설령 맞벌이가 아니더라도 퇴사 후 둘 중에 한 명이라도 가정생활을 유지할 수 있는 소득이 없으면 처음 한두 달 정도는 퇴직금 등으로 버틸 수 있지만, 시간이 지날수록 퇴직금은 금방 사용되고 불안감이 더 커져서 남은 시간에 자신의 사업에 집중하고 투자할 수 있는 시간을 확보하기 힘들어진다. 불안감과 현실적인 경제 문제는 다시 직장을 구하는 악순환으로 이어지는 경우가 많다.

오히려 직장을 다니면서 힘겹게 1~2시간 시간을 내서 독서하고 새로운 기술을 습득하는 시간이 집중력과 효과가 좋다. 그리고 주말의 시간도 효율적으로 활용을 할 수 있다.

현재 직장을 다니고 있는 인사담당자나 자신의 사업을 운영하는 대표도 AI 학습과 훈련, 그리고 독서를 위해서 자신의 시간을 더 효율적으로 운영해야 한다. 그러기 위해서는 환경이나 다른 사람의 탓보다는 냉철하게 자기 자신의 시간을 어디서 더 낼 수 있는지 고민한 후 실행해야 될 것이다.

미국의 많은 창업가들이 모인 곳인 실리콘밸리에서 창업 후 데스 밸리(Death Valley)를 잘 넘겨야 된다는 이야기가 있다. '데스 밸리(Death Valley)'란 창업 이후의 어려운 시기를 의미한다. 이 기간은 보통 창업 후 1년에서 3년 사이에 해당하며, 사업이 안정되기 전에 겪는 다양한 도전과 시련을 나타낸다.

미국에서 데스밸리 기간은 한국에서 창업을 시작하는 사람에게도 적용이 된다. 실제 많은 사람이 창업 이후에 3년을 잘 이겨내면 큰 고비는 넘겼다는 이야기를 많이 한다. 이 기간을 잘 이겨내기 위해서는 자신의 시간관리가 매우 중요하다. 많은 직장인들이 막연히 미래에 창업을 준비하면서 지금 현재의 시간을 관리하지 않고 있다. 창업을 준비하고 있다면 시간관리 연습을 미리 해보자.

많은 사람들이 경제적 자유를 추구하고 큰돈을 벌고 싶어 하는 이유 중 상당 부분은 자신의 시간의 자유를 얻기 위함이다. 사람의 생명은 결국 개인의 남아있는 시간의 총합이다. 누군가에게 시간을 쓴다는 것은 그 사람에게 생명의 일부를 준다는 것이다. 시간을 생명처럼 소중히 여겨야 할 이유 중 하나이다. 빠삐용은 자신의 죄를 부정했지만, 나중에 스스로 인정한 죄가 있는데, 그것은 바로 젊은 시절에 시간을 낭비한 죄였다. 그 이후 그는 현실을 바라보게 되었다. 시간은 돈이 아니다. 생명이다.

또한 보다 효율적인 시간관리를 위해서는 시간관리 바인더를 사용해 볼 것을 권장한다. 시중에 많이 알려진 3P바인더는 종이 바인더 형식도 있고, 패드를 통한 디지털 형식도 있다. 실시간으로 자신의 시간을 기록해 보면 실제로 업무에 집중하는 시간이나 자기계발에 사용된 시간이 실상 많지 않음을 알 수 있다. 시간 기록을 통해서 시각적인 효과로 자신의 시간 사용의 실상을 파악하고 하고 반성함으로써 시간을 좀 더 효율적으로 활용해 나갈 수 있을 것이다.

신이 모든 인간에게 매일 주는 24시간의 선물을 조금이라도 방치하거나 잘못 사용하여 녹슬어버리게 하지 말고, 하나도 남기 없이 잘 사용하여 닳아 없애는 것이 어쩌면 청지기의 삶을 선택한 인간의 의무일 것이다.

건강이 없으면
밑 빠진 독에 물 붓기

    시간 확보와 함께 자신의 건강 관리에도 신경을 써야 한다. 아무리 시간이 많아도 건강이 좋지 않으면 AI 기술도 습득하기 어렵기 때문이다.

    직장생활과 함께 아침 3시부터 독서와 글쓰기를 틈틈이 해나가기 위해서는 건강한 체력이 필요했고, 체력 증진을 위해서 근력 운동과 유산소 운동을 꾸준히 병행하였다.

    특히 회사에서 점심시간이 1시간이면 점심시간 시작하고 30분 동안은 스쿼트와 웨이트 운동을 하였다. 회사 점심시간을 이용하면 점심시간이라는 고정된 시간이 있기 때문에 운동을 빠지지 않고 할 수 있었다. 스쿼트는 스쿼트챌린지라는 AI앱이 있는데, 스쿼트 동작을 AI가 인식해서 잘못된 동작이 나오면 잔소리를 해주는 앱이다. 제법 정확하게 잘못된 부분을 지적해 주기 때문에 거의 PT 트레이너와 함께하는 기분이다. 그리고 운동 챌린지 오픈 채팅방에 가입하여 매일 스쿼트 개수와 웨이트 운동 시간을 캡처해서 오픈 채팅방에 공유를 하면 여러 사람과 함께하는 시너지 효과가 나온다.

근육은 건강의 원천이다. 특히 40대와 50대 중년층에게 근력운동은 선택이 아닌 필수이다. 중년 이후의 건강은 근력에 좌우된다고 해도 과언이 아니다. 근력은 근육량에 의존하며, 근육량은 30세 전후부터 감소하기 시작한다. 이는 노화에 따른 호르몬의 감소가 원인이다. 근육이 줄어들면 근력만 감소하는 것이 아니다. 근육이 있던 자리가 지방으로 대체되어 같은 양의 음식을 섭취해도 체중이 쉽게 증가하게 되며, 이는 건강에 부정적인 영향을 미친다. 뼈가 약해지고 면역력이 저하되며, 고지혈증, 당뇨, 지방간의 위험이 4배까지 증가할 수 있다.《네이버 지식백과》

이처럼 30, 40대 이후 근력운동은 달리기와 같은 유산소 운동만큼이나 중요하다. 또한 근력 운동에 대해서 잘 알고 싶어서 보디빌딩 생활체육 지도자 2급 자격 시험을 준비하면서 더욱 근력운동의 매력을 알게 되었고, 흥미롭게 공부하다 보니 2차 실기까지 합격할 수 있었다.

주말에도 런닝클럽에 가입하여 일요일 아침 6시에 다 같이 모여서 10km 정도 런닝을 하고 나면 스트레스와 건강관리도 함께 할 수 있었다. 특히 요즘에 런닝이 폭발적인 인기가 있어서 주말에 공원이나 산에 달리기하러 가면 많은 런닝크루를 볼 수 있다. 그들을 보면서 긍정적인 에너지를 많이 받을 수 있었다.

이러한 근력운동과 유산소 운동의 꾸준함은 새벽 기상과 직장생활을 유지할 수 있는 힘이 되었다.

건강관리에 있어서 운동뿐만 아니라 식생활의 중요성을 빼놓을 수가 없다. 독일의 철학자 루트비히 피히테(Ludwig Feuerbach)는 "당신이 먹는 것이 곧 당신이다(You are what you eat)"라는 말을 통해서 음식이 우리의 신체와 육체에 많은 영향을 미치고 건강한 식습관을 유지하는 것이 매우 중요함을 알려 주었다. 〈유퀴즈〉 프로그램에 나왔던 박진영 가수는 많은 가수와 연기자 등을 육성하고 있는데, 자신이 운영하는 JYP 엔터테인먼트 회사 식당에는 "I am What I am"라는 문구를 크게 걸어놓고, 식생활의 중요성을 연습생들에게 항상 강조한다고 했다.

이뿐만 아니라 박서윤 저자는 그의 책 《10배의 부가 온다》에서 식생활의 중요성을 다음과 같이 설명했다.

미즈노 남보쿠는 일본에서 유명한 관상가로, 그의 문하생이 1천 명이 넘을 정도로 큰 명성을 얻었다. 그는 관상학을 통해 식습관과 성공 간의 독특한 관계를 발견했다. 그는 세상의 모든 가

난과 불행, 비극적인 사건들이 식습관에서 비롯된다고 주장했다.

그의 의견에 의하면, 과도한 식사는 '절제하지 못하는 마음'에서 시작되며, 폭식은 사치스러운 마음가짐에서 나온다고 하였다 미즈노 남보쿠는 이러한 사치스러운 행동과 폭식이 성공과는 대체로 거리가 멀다고 하였다. 또한, 빨리 먹고 대식하는 습관은 빠른 성공을 바라는 조급한 마음에서 비롯된다고 하였다.

이처럼 식생활은 우리의 건강한 생활에 영향을 미치고, 심지어 성공과도 큰 연관이 있음을 알 수 있다. 여기에서 성공은 당연히 건강관리의 성공도 포함되어 있다.

국내 탑 모델 한혜진 씨는 자신은 다이어트가 가장 쉽다고 한다. 왜냐하면 다른 것은 외부의 연관되어 있어서 자신이 아무리 열심히 해도 결과가 안 좋은 경우가 있지만, 자신의 몸과 관련된 것은 오직 나의 의지로만 실행할 수 있기 때문이다. 오직 나만 운동과 식생활을 선택하면 된다. 게다가 몸은 거짓말을 안 하기 때문에 노력 이후에는 다이어트가 되고 건강한 모습을 바로 직접 확인할 수 있어서 동기부여가 잘 된다고 한다.

정세연 저자의 《파워 루틴핏》에서도 건강을 유지하는 데 있어서 스스로 선택의 중요성을 다음과 같이 이야기하고 있는데, 이를 인용하면서 이 절을 마무리하겠다.

"탄탄한 면역력과 탱탱하며 맑은 피부, 건강한 장은 모두 나의 선택에 달려 있다. 결국, 올바른 식습관을 선택하는 것이 중요하다. 내가 내 몸에 관심을 기울이고 좋은 식습관으로 변화해 나가면, 몸은 예상을 뛰어넘어 빠르게 반응한다. 살을 빼고 건강해지기 위해 무엇을 먹을지 고민하기보다는, 먼저 나쁜 음식을 제거하는 데 집중해보자. 그 후에는 내 몸의 신호에 귀 기울이면, 진정으로 필요한 음식을 찾게 될 것이다. 오늘도 건강을 선택하며 자신의 건강을 책임지는 하루가 되기를 바란다"

- 정세연 저자의 《파워 루틴핏》 중에서

하나의 목표를 향한 육체와 마음의 관리

근육은 신체에 매우 중요하다. 그래서 사람들은 웨이트 트레이닝을 통해서 근육을 키운다. 하지만 신체의 근육뿐만 아니라 마음의 근육도 필요하다. 현대 사회에 살아가는 데 육체보다 오히려 정신적인 부분이나 심리적 부분이 많이 소모된다. 따라서 마음의 근력 운동도 매일 필요하다. 육체적 근력 운동으로 매일 스쿼트를 했다면 마음의 근력 운동을 높이기 위해 자기 확언을 해보는 것이 좋다.

최근 김주환 교수님이 알려준 자기 확언법을 소개하고자 한다. 부작용이나 잘못 사용할 가능성이 높아서 구체적인 자기 확언 내용을 공개 안 하시는데, 이번에 올림픽 양궁팀에서 사용했던 자기 확언 내용 중 일부을 공개하였다. 바로 "침착하고 차분하게, 즐거운 마음으로, 나는 할 수 있다"이다.

매일 스쿼트 할 때, 앉으면서 "침착하게", 일어나면서 "차분하게", 다시 앉으면서 "즐거운 마음"으로, 다시 일어서면서 "나는 할 수 있다"를 마음속으로 반복적으로 외치면 이럴 때 스쿼트로 육체의 근력 강화와 내면의 마음 근력도 보강됨을 느낄 수 있다.

이 방식으로 매일 100개 이상의 스쿼트를 하면서, 동시에 마음의 근력운동도 할 수 있다. 무엇보다 스쿼트를 할 때 같이 하는 거라 추가 시간이 들지 않고, 할 때 같이 해서 꾸준히 할 수 있었다.

또한 마음 관리 방식의 하나로 매일 나만의 MVC(Mission, Vision, Core values)을 작성하여, 새벽에 일어나자마자, 그리고 저녁에 나의 하루를 마무리할 때 BRT(Bible Reading Time) 성경 읽기 멤버와 함께 서로 자신의 MVC를 외치며 격려해 준다. 그리고 아침에 출근하면 특별한 일이 아니고서는 나의 MVC를 다시 한번 적어본다. 추가로 올해 안으로 반드시 이루고 싶은 목표 3가지를 100번 적는다. 각각 33번 정도를 적는 것이다. 그리고 저녁에는 감사일기로 마무리하는 것이 나의 마음관리 루틴이다. 가끔 힘들고 방향을 잡지 못할 때 무작정 나의 목표를 100번 적으면 그날의 위로와 나침반이 되어 주었다.

MVC와 개인 목표(Goal)에 비교하여 설명할 경우, 개인의 MVC가 좀 더 포괄적인 개념이라면 한 해의 3가지 목표는 좀 더 구체적이다. 한 해의 목표를 왜 3가지로 설정을 했는지는《퓨처셀프》의 저자 벤저민 하디가 다음과 같이 설명하였다.

그는 많은 기업과 개인이 지나치게 많은 목표를 설정하고 있다는 점에 주목했다. 이로 인해 그들은 하나의 목표에 집중하지 못하고 여러 가지 일을 동시에 시도하게 된다. 가장 성공적인 기업들은 보통 3개를 초과하는 목표를 추구하지 않으며, 3개를 초과하는 목표를 추구하면 아무것도 얻지 못한다고 강조했다. 또한 위크먼은 그의 저서《트랙션》에서 대부분의 기업이 연간 너무 많은 목표를 달성하려고 시도하는 실수를 범한다고 언급했다. 모든 것을 한 번에 이루려는 시도는 결국 거의 아무것도 성취하지 못하고 좌절감을 초래한다. 한 고객은 처음 몇 년 동안 많은 목표에 집착하다가 매년 목표를 추가하는 방식으로 진행했다. 그 결과, 목표가 12~15개로 늘어나고 연말이 되었을 때 달성한 목표는 거의 없었으며, 팀원들은 큰 좌절을 느꼈다. 그러나 3년째 되는 해에 그는 너무 많은 목표를 설정한 것을 깨닫고, 다음 해에는 3개의 목표에 집중하기로 결정했다. 그렇게 목표를 설정한 결과, 연말에 모든 목표를 달성하며 매출이 19% 증가하고 5년 만에 최고의 수익을 기록하게 되었다고 설명하였다.

따라서 한 해의 목표를 3개로 제한하는 것은 집중력을 높이고, 실질적인 성과를 이루기 위한 효과적인 방법이다. 목표 수를 줄임으로써 각 목표에 더 많은 자원과 노력을 집중할 수 있게 되어, 보다 높은 성공 확률을 높일 수 있는 것이다.

자신의 MVC와 목표를 아침저녁으로 외치고 적는 것은 매우 중요하다. 《소프트 스킬》의 존 손메즈는 뇌에 목표를 되새기는 과정을 내비게이션에 목적지를 입력하는 것에 비유하였다. 운전 시에 내비게이션에 목적지를 입력하지 않으면 자동차가 어떻게 움직이지는 상상이 되는가? 특히 장거리 여행에서는 더욱 상상할 수 없다. 단 하루라도 목적지를 입력하지 않으면 우리는 목적지를 엄청 돌아가거나 아니면 전혀 다른 목적지에 도착할 것이다. 우리의 뇌도 마찬가지라고 한다. 뇌에 목표를 자주 인식시키는 것만으로도 뇌는 우리의 육체와 마음과 삶의 방향이 저절로 입력된 목표로 향하게 한다는 것이다.

MVC에 대해서 추가 설명을 하자면 '미션(Mission)'은 자신의 인생에서 철학이나 가치관이라고 할 수 있다. 바다에서 항해를 하는 사람들이 위치가 변하지 않는 북극성을 좌표로 삼듯, 인생의 항해에서 미션은 북극성 역할을 한다. '비전(Vision)'은 미션보다 좀 더 현실적이라고 할 수 있다. '비전(Vision)'은 마음과 생각에서 보이고, 그려지는 인생의 목표라고 할 수 있다. 'Vision'의 어원은 라틴어 'visio'에서 왔는데, 이는 '보다'라는 뜻의 'videre'에서 파생되었다. 'Vision'이 주로 보는 능력이나 시각적 경험을 의미하듯이, 우리의 비전은 마음으로 볼 수 있고 그릴 수 있어야 한다. 끝으로 '코어밸류(Core values)'는 미션과 비전이 연결되어 이루어 나가기 위한 핵심적인 가치들이다.

예를 들면 다음과 같다.

- 미션(Mission) : 하나님께 인정받는 착하고 충성된 청지기
- 비전(Vision) : 고객의 성장과 행복에 도움을 주는 것
- 코어밸류(Core value) : 신앙, 가족, 재정, 성장, 건강

참고로 미션과 비전의 차이를 설명한 유튜브 링크를 소개한다.

https://www.youtube.com/watch?v=NwRyKjrnJN4

모두에게 통용되는 정답과 같은 MVC는 없다. 각자가 MVC을 정하고 매일 아침 저녁으로 상기하며서 조금씩 꾸준히 수정하고 보완하면서 현재의 자신에게 최적화된 MVC를 만드는 것이다.

또한 아침만도 아니고 저녁만도 아닌, 아침과 저녁으로 적고 외침으로써 우리의 뇌에 목표를 인식시키는 효과를 극대화할 수 있다. 나에게 맞지 않는 MVC는 잘 발해지지 않고 잘 써지지 않

는다. 꾸준한 반복으로 자기에게 적합한 MVC를 매일 찾아나가는 것이다. 아침 저녁의 중요성은 성경에서도 매우 많이 강조하고 있다. 성경 말씀을 낮이나 밤만이 아닌 낮과 밤으로 묵상하라고 하였다(「여호수아」1장 8절). 매일 자신의 MVC를 밤낮으로 읽고 적다 보면 MVC가 살아 움직임을 느낄 수 있을 것이다. 꼭 성경뿐만 아니라 불교 등에서도 아침 저녁으로 경전을 읽고 묵상하라는 이야기를 많이 들을 수 있다.

나는 이처럼 새벽에 일어나서 시간을 관리하는 것, 매일 운동을 체크하며 서로 격려하는 것, 나의 MVC를 외치는 것, 대부분 전화나 비디오 미팅, 오픈 채팅방, 오프라인 모임 등 서로 협력을 통해서 마음 관리를 하는 등으로 가치관을 실천하고 있다.

팀보다 위대한 선수는 없고, 빠르게 가고 싶다면 혼자서, 멀리 가고 싶다면 함께 가야 한다는 말이 있듯이, 코로나 시대 이후에 개인화가 심해졌지만 여전히 인간에게는 서로 협력과 관계성이 중요하고, 이를 통해서 많은 발전을 할 수 있다.

AI 시대에 새로운 기술을 배움에 있어서 개인의 시간 관리와 건강 관리, 그리고 마음 관리는 아무리 시대가 변해도 중요하다. 자기 자신에 맞는 시간, 건강, 마음 관리가 반드시 필요하다.

앞에서 설명한 것은 하나의 예이다. 이 방식이 항상 옳다는 것이 아니다. 새벽 시간이 활용이 잘 되어서 미라클 모닝을 선호하는 사람이 있는 반면, 저녁 시간이 활용이 잘 되어 미라클 이

브닝을 선호하는 사람이 있을 것이다. 그 외 다른 많은 방법론이 있다. 따라서 다른 사람의 것을 벤치마킹해서 시도해 보고 자신한테 맞는 것은 바로 행동으로 옮겨서 자신의 몸에 체화시켜야 한다. 자기관리 부분은 아무리 AI가 발달해도 결국 자기 자신이 해나가야 할 부분이다.

AI와 공존하려면 '읽기'와 '쓰기'가 기본이다

    AI 기술 학습의 기본은 역시 독서이다. 물론 AI의 학습 특성 상 실습이 필수적이지만, 지속적으로 AI 기술 서적뿐만 아니라 자기계발서나 인문학에 관한 책도 독서를 해서 생각의 근력을 키워나가야 한다. 다양한 곳에서 부자들과 성공하는 사람들의 특징과 행동습관을 말할 때 항상 빠지지 않은 것이 있다면 그중에 하나가 독서 습관이다.

🔸 글 읽기와 글쓰기

    글 읽기로 정보를 Input하였다면 글쓰기를 통해서 Input된 정보를 가공해서 output해야 한다. 김익환 교수는 책 읽기는 사고의 폭을 넓혀주고, 책 쓰기는 사고의 깊이를 깊게 한다고 했다. 긴 시간이 아니더라도 독서 20분, 글쓰기 10분 등 2:1의 비율로 글 읽기를 했으면, 그다음으로 글쓰기를 해보는 것이 중요하다고 했다. 즉, 독서를 60분 했다면 30분은 읽었던 독서에 대해서 글을 써보는 것이 좋다.

영어를 듣기나 읽기를 통해서 input만 하면 안 되고 말하기나 쓰기를 통해서 output을 해야 되듯이, 우리가 많은 책을 읽어서 글쓰기를 통해서 받아들인 정보를 정리하고 체계화해야 된다.

가능하다면 개인 책을 출간하는 것이 좋지만, 그러한 여건이 안되면 전자책을 내보는 것도 좋다. 또한 가볍게 글쓰기를 연습하고 싶다면 책을 읽는 도중에 마음에 와 닿는 구절은 개인적으로 메모를 하고 그와 관련된 내용에 대해서 느낀 점을 쓰고 적용할 부분을 적는다. 그리고 블로그나 각종 SNS를 통해서 자신의 글을 공개해 보자. 블로그에 쓰인 글도 1명 이상 누군가 보고 있다면 글을 쓸 때 나 혼자 깨달은 점을 적고 정리하는 것과는 다른 태도로 글을 쓰게 된다. 누군가 이 글을 보고 있고, 볼 수 있다고 생각하고 글을 적는다면 글을 쓸 때 다시 한번 생각하고 다른 관점에서 쓰게 된다. 블로그나 각종 SNS를 통한 글쓰기는 글쓰기 근육을 한층 더 성장하게 해줄 것이다.

독서노트 작성

독서를 하고 나서는 독서노트를 작성해 보자. 독서노트라고 해봐야 별 게 없다. 앞에서 말했듯이 자신이 감명 받은 부분을 따로 메모해서 중요하다고 생각되는 부분은 빨간색으로 작성을 하고, 이에 대해 깨달은 점은 파란색으로 적는다. 그리고 나의 삶에 적용할 점은 초록색으로 적는다. 이것을 작성해 나가다 보면 나만의 독서노트가 작성되고, 어떤 책을 다시 읽고 싶을 때 내가 발췌한 부분만 읽고도 전체적인 히스토리가 기억에 남는다.

어떤 분은 이것 작성할 시간에 한 권이라도 더 읽는 게 낫지 않냐고 의문을 가질 수 있는데, 2~3번 책을 반복해서 읽는 경우라면 독서 노트로 2~3번 읽는 것이 시간적으로나 능률적으로 훨씬 효과적이다. 발췌도 사진을 찍어서 Askup이라는 카톡 채팅방에 올리면 금방 사진에 있는 글자가 텍스트로 전환이 되어서 복사해서 사용하면 된다.

독서노트를 예전에는 구글드라이브를 통해서 엑셀로 사용했지만, 지금은 인터넷 기반인 노션을 사용해서 더욱 편하게 작성할 수 있다. 논문을 써보신 분들은 예외 없이 연구노트를 작성하는데, 그러한 연구노트와 비슷한 개념이다. 글쓰기 Output를 할 때 예전에 읽었던 내용을 언제든지 다시 꺼내어 확인하고 인용하여 글쓰기를 쉽게 하기 위해서 독서노트를 활용하는 것이다.

독서를 통해 자기계발을 하고 싶다면 글 읽기와 글쓰기, 그리고 이를 효율적으로 해주는 독서노트 작성이 필수적이라고 생각한다. 지금까지 읽었던 책은 과감히 포기하고, 이 시간부터 읽는 책에 대해서 독서노트를 작성해 보자. 그리고 꼭 책에서 나온 내용뿐만 아니라 유튜브나 블로그 등 SNS에서 감명받은 구절도 놓치지 말고 독서노트에 메모해 놓자.

AI 시대에 개인의 문해력과 작문 능력은 더욱 중요해졌다. AI가 생성하는 방대한 정보를 올바르게 이해하고 해석하려면 오히려 개인의 높은 수준의 독해력이 필요하다. 복잡한 내용을 쉽게 파악하고 비판적으로 평가하기 위해서는 인간의 읽기 능력이 뒷받침되어야 한다.

기술이 발전해도 인간 사이의 의사소통의 중요성은 여전하다. 자신의 생각을 명확히 전달하고 타인과 효과적으로 소통하기 위해서는 읽기와 쓰기 능력이 필수적이다. AI가 정보를 생성하더라도 이를 체계적으로 정리하고 전달하는 것은 인간의 역할이다. AI는 데이터를 기반으로 작업하지만, 창의적인 아이디어와 새로운 관점을 제시하는 것은 인간의 영역이다. 이러한 창의성을 표현하는 주요 수단이 바로 글쓰기이다. 따라서 AI 시대에도 읽기와 쓰기 능력을 지속적으로 계발하고 향상시키는 것이 중요하다.

문과 출신 인사팀장에게 필요한 역량

과거에는 인사 관리가 주로 사람을 다루는 '인문학적' 역량을 중심으로 이루어졌다면, 이제는 데이터 분석과 AI 활용 능력이 점점 더 중요해지고 있다. 이러한 변화의 흐름 속에서, 전통적으로 문과 출신이 주를 이루었던 인사팀에서도 기본적인 프로그래밍 운영 방식과 데이터 분석의 이해가 필요하다.

🐟 AI 시대의 인사 관리를 위한 기술적 역량 강화

AI 시대의 인사 관리 담당자는 단순히 AI 도구를 사용하는 것을 넘어, 보다 기술적 역량을 갖추어야 한다. 이는 AI 시스템을 효과적으로 관리하고, 시스템이 제공하는 정보를 전략적으로 활용하기 위해 필수적이다.

데이터 리터러시(Data Literacy) 능력을 강화해야 한다. 이는 데이터를 읽고, 이해하고, 분석하며, 의사소통할 수 있는 능력을 의미한다. 인사 관리 담당자는 복잡한 데이터셋을 다루고, 통계적 분석 결과를 해석할 수 있어야 한다. 또한, 분석값의 효과적인 전달을 위해서 데이터 시각화 툴의 사용이 가능해야 한다. 이를 위해 기본적인 통계 지식과 함께 데이터 분석 도구(예: R, Python, SQL 등)에 대한 이해가 필요하다.

AI 윤리와 법적 규제에 대한 이해가 필요하다. AI 시스템은 편향성과 차별의 위험을 내포하고 있으며, 개인정보 보호 문제와도 밀접하게 연관되어 있다. 인사 관리 담당자는 AI 사용과 관련된 법적 규제(예: GDPR, CCPA 등)를 이해하고, AI 시스템의 윤리적 사용과 관련된 가이드라인을 해당 조직에 맞게 적용하고 활용해야 한다. 그리고 시스템이 공정성과 투명성을 유지하도록 수시로 점검해야 한다.

또 AI 시스템의 한계와 위험을 인식하고 관리할 수 있어야 한다. AI는 강력한 도구이지만 완벽하지 않다. 인사 관리 담당자는 AI 시스템의 결과를 맹목적으로 따르기보다는 비판적으로 평가하고, 필요한 경우 인간의 판단을 개입될 수 있게 해야 한다. 이를 위해 AI 시스템의 작동 원리와 한계에 대한 깊이 있는 이해가 필요하다.

아울러 기술 변화에 대한 지속적인 학습과 적응 능력이 요구된다. AI 기술은 빠르게 발전하고 있으며, 새로운 도구와 방법론이 계속해서 등장하고 있다. 인사 관리 담당자는 이러한 변화를 주시하고, 새로운 기술을 신속하게 학습하여 조직에 적용할 수 있어야 한다. 온라인 강좌, 컨퍼런스 참여, 전문가 네트워크 구축 등을 통해 지속적인 학습을 실천해야 한다.

디지털 협업 도구와 플랫폼에 대한 숙련도도 높여야 한다. AI 시대의 인사 관리는 다양한 디지털 도구와 플랫폼을 통해 이루어진다. 인사 관리 담당자는 화상 회의 도구, 프로젝트 관리 소프트웨어, 클라우드 기반 협업 플랫폼 등을 능숙하게 다룰 수 있어야 한다. 이는 원격 근무 환경에서 특히 중요하며, 효율적인 팀 협업과 의사소통을 위해 필수적이다.

사이버 보안에 대한 이해와 대응 능력 역시 갖추어야 한다. AI 시스템은 대량의 민감한 개인정보를 다루기 때문에 사이버 보안의 중요성이 더욱 커지고 있다. 인사 관리 담당자는 기본적인 사이버 보안 원칙을 이해하고, 데이터 보호를 위한 최선의 관행을 숙지해야 한다. 또한, 보안 사고 발생 시 대응 절차를 알고 있어야 하며, IT 보안팀과 효과적으로 협력할 수 있어야 한다.

이제는 전통적인 인사 관리 역량에 더해 기본적인 데이터 분석과 프로그래밍 이해 능력이 요구되는 시대가 도래했다. 그러나 이러한 기술적 역량의 중요성이 커진다고 해서, 인사 관리의 본질적 가치가 변하는 것은 아니다. AI는 도구일 뿐이며, 궁극적으로 인사 관리의 핵심은 '사람'에 대한 이해와 배려에 있다는 점을 잊지 말아야 한다. 데이터와 AI는 인간 중심의 인사 관리를 보다 효과적으로 수행하기 위한 도구로 활용되어야 한다.

개인적으로 평소에 회사와 관련해서 네트워크를 학습하고 있다. 누군가는 "AI와 관련해서 왜 네트워크를 공부하느냐?"라고 물을 수 있다. 하지만 우선 네트워크가 현재 업무에 간접적으로 관련 있어서 일하는 데 도움이 될 수 있다. 학습에 동기부여가 되었다.

이뿐만 아니라 네트워크에 대한 지식이 AI를 이해하는 데 간접으로 도움이 될 수 있다. 예를 들어, 데이터 흐름과 전송에 대한 이해, 보안 프로토콜과 방화벽 설정의 이해, AI 솔루션을 기존 기업 시스템에 통합할 때 네트워크의 이해 등이 도움이 된다.

앞으로도 AI와 관련된 독서와 세미나 및 특강을 신청해서 꾸준히 학습하고 프로그래밍 언어 R이나 Python에 대한 기본 지식을 쌓아갈 것이다. 예전에도 컴퓨터가 처음 나왔을 때 DOS 체계에서 열심히 학습했던 사람들이 윈도우 체계로 완전히 변화되었을 때에도 여전히 리딩을 하였다. AI가 급속도로 변화고 있지만 현재에 충실한 사람이 결국 미래를 이끌어 갈 것이다.

이중학 교수는 《베터 댄 베스트》에서 앞으로 AI가 회사에 활용되면서 미래의 모습을 다음과 같이 예측하였다. 조직 내에서 모든 구성원이 인공지능 에이전트와 협력하여 업무를 수행하는

'모두가 관리자가 되는' 상황이 발생하고 있다. 이로 인해 기존의 직무 구분이 모호해지며, 단계별로 나뉘어 있던 업무의 경계가 허물어질 가능성이 커진다. 결국, 기존의 직무 구분이 희미해지고 생성형 인공지능을 활용하여 개인이 조직의 문제를 해결하는 '모두가 컨설턴트가 되는' 시대가 도래하고 있다.

AI로 인해서 팀과의 기술적 격차가 없어지고 있다. AI를 통해서 누구나 자신의 전공과 상관없는 부서나 팀의 업무를 이해할 수 있다. 예를 들어 인사담당자는 회계 자료와 품질이나 기술팀의 보고서를 이해하고 AI를 통해서 작성도 할 수 있다. 실제 현업에서 기업컨설팅을 하고 있는 컨설턴트는 "이제는 기업과 미팅을 하기 전에 회사의 각 팀의 자료를 챗GPT를 통해서 구체적으로 학습할 수 있기 때문에 혼자서도 기업 전반에 문제를 컨설팅할 수 있게 되었다"라고 한다.

특히 인사 관리 담당자는 AI를 통해서 조직 내 다양한 팀의 역할을 잘 이해함으로써 전략적 인사 관리(SHRM)에서 핵심적인 기능을 수행할 수 있다. 각 팀의 활동과 목표를 명확히 알게 되면, 인사 관리 담당자는 전체 조직의 비전과 목표에 부합하는 인재를 적절히 배치할 수 있다. 또한, 팀 간의 협업을 촉진하고 직원들이 자신의 잠재력을 충분히 드러낼 수 있는 환경을 마련하는 데 기여할 수 있다. 이러한 팀에 대한 이해는 인사 정책과 프로그램을 보다 효과적으로 개발하고 실행하는 데 도움이 되며,

궁극적으로 조직의 성과를 향상시키는 데 중요한 역할을 하게
된다.

자신이 문과면 이과와 관련된 팀의 자료를 챗GPT로 분석하
고 이해하는 연습을 해보자. 마찬가지로 이제는 자신이 이과면
문과와 관련된 자료를 '이해'하는 수준을 넘어서 '조언'해 줄 수
있는 수준으로 능력을 키워보자.

또한 인사 전문가들은 기술적 역량과 인문학적 소양을 균형
있게 갖추어야 할 것이다. 기술적 역량과 함께 인간에 대한 깊은
통찰력, 공감 능력, 윤리적 판단력을 갖추어야 한다. 이러한 균
형 잡힌 접근을 통해 AI 시대의 인사 관리는 기술과 인간성이 조
화를 이루는 새로운 패러다임을 만들어낼 수 있을 것이다.

/ 참고문헌 /

1. 그랜트 카돈, 최은아 옮김, 《10배의 법칙》, 부키, 2023

2. 김기진, 한권수 외 3명, 《HR 레볼루션》, 에릭스토리, 2024

3. 김다혜 김민송 외 4명, 《피플애널리스트들이 온다》, 클라우드나인, 2024

4. 김상균, 《게임인류》, 몽스북, 2021

5. 로버트 E. 퀸, 박제영 한주한 옮김, 《딥체인지》, 늘봄, 2018

6. 로버트 E. 퀸, 최원정 홍병문 옮김, 《리딩체인지》, 늘봄, 2005

7. 박서윤, 《10배의 부가 온다》, 라온, 2024

8. 박태웅, 《AI 강의》, 한빛 비즈, 2023

9. 세달 닐리, 폴 레오나르디 지음, 조성숙 옮김, 《AI 나를 위해 일하게 하라》, 월북, 2024

10. 이광호, 《초필사력》, 라온, 2024

11. 이중학, 《베터 댄 베스트》, 클라우드 나인, 2024

12. 존 손메즈, 번역 이미령, 김태곤, 《소프트 스킬》, 글벗, 2022

13. 최성훈, 《더 디엑스》, 클라우드 나인, 2024

14. 피플 애널리틱스 연구팀, 《HR 테크혁명》, 삼성글로벌리서치, 2022

15. 이중학, 〈사람을 위한 챗GPT 활용 : 원리, 활용팁, 육성 사례〉, 《HR insight》 2023년 4월호.

북큐레이션 • 마인드셋 전환으로 당신의 삶을 혁명적으로 바꿔줄 라온북의 책

《직무 종말의 시대, AI가 HR의 솔루션이다》와 함께 읽으면 좋을 책. 사고의 패러다임을 혁신해 남보다 한 발 앞서 미래를 준비하는 사람이 주인공이 됩니다.

직장인이 직업인으로 살아가는 방법

인생 리셋

김형중 지음 | 19,500원

호모 헌드레드 시대, 당신의 인생 2막을 준비하라
창직의 시대, 나의 가치 밸류 업 노하우!

이제 대한민국은 저성장 시대로 접어들었다. 저성장이 가져다주는 신호는 우리에게 분명하다. 직장인으로서 나의 여건을 냉철하게 재점검하고, 내 인생의 포트폴리오를 만들어가야 한다. 퇴직 이후의 시간은 너무나도 길다. 현재 나의 직장생활만을 안위하면서 살아가는 것은 너무나도 안타까운 일이다. 우리의 삶을 건강하고, 가치 있고, 지속가능하게 가져가야 할 것이다. 이를 위해 이 책 《인생 리셋》이 당신의 삶에 시금석이 되어 줄 것이다. 은퇴라는 강줄기의 끝에는 새로운 미래가 자리잡고 있다. 《인생 리셋》을 통해 당신의 더 큰 미래를 열어보자!

퇴직 전 30억 만들기 프로젝트

직장인 불로소득

홍주하 지음 | 19,800원

《직장인 불로소득》으로 퇴직 전 30억 만들기,
투기가 아닌, 투자를 하면 얼마든지 가능하다

이 책 《직장인 불로소득》은 부동산, 미국 주식 ETF 등 다양한 재테크 방법을 안내하고 있다. 그리고 이렇게 투자한 시간으로 얻은 불로소득은 직장에서 온종일 일하며 번 월급보다 더 많은 소득을 벌어줄 것이다. 직장에서 받는 월급은 내가 노력하는 만큼 보상을 해주지 않는다. 하지만 불로소득은 다행히 내가 노력한 만큼 소득을 가져다 줄 것이다. 또한, 시간이 갈수록 복리 그래프를 그리며 당신의 자산을 두둑이 불려줄 것이다.

명심하라. 퇴직 전 30억 만들기를 할 수 있느냐, 아니냐는 당신의 선택에 달려 있다. 시작도 하기 전에 스스로 한계를 긋지 말기 바란다. 이 책 《직장인 불로소득》은 독자들을 통해 여유롭고 풍요로운 노후로 이끌어 줄 것이다.

초필사력

이광호 지음 | 19,500원

읽고 적고 생각하고 실천하라!
필사의 기적이 당신의 삶에 또다른 문을 열어줄 것이다!

연봉을 2배로
만드는
기적의 노하우

필사는 행동력을 높여준다. 필사 노트에는 책 내용뿐만 아니라 생각, 감정, 지식, 계획…, 머릿속에 일어나는 중요한 아이디어를 모두 담을 수 있다. 자극받았을 때 바로 행동할 수 있도록 노트에 실행 계획을 바로 세울 수도 있다. 필사할수록 기록이 생활화된다. 기록은 기획, 실행, 성과, 수정에 이르기까지 모든 행동을 눈으로 확인할 수 있게 해준다. 나를 측정하고 개선을 돕는다. 그래서 필사는 기록하는 습관을 통해 실천력을 키워준다. 누구나 행동하면 자기 이름으로 살아갈 수 있는 시대다. 당신이 어디에서 무엇을 하든 어제는 운명이고, 내일은 선택이며, 오늘은 기회라는 것을 기억했으면 좋겠다. 기회가 왔다. 자, 이제 필사의 세계로 함께 떠나보자.

파워 루틴핏

정세연 지음 | 19,500원

파워루틴이 당신의 삶에
변화와 행복의 실행력을 불어넣을 것이다!

핵개인 시대를
주도하는 당신의
하이퍼 퍼스낼리티
강화 전략

파워 루틴은 일상 속의 공식이자 실제적인 액션플랜이다. 루틴으로 탄탄해진 일상은 실력이 되고 성과로 나타난다. 남들과는 다른 탁월함이 되어준다. 일을 할 때도, 돈을 모을 때도, 건강을 챙길 때도 루틴 공식은 필요하다.
이 책은 공기업에서 17년 차 여자 차장으로 쌓아온 정세연 저자의 내공과 지혜, 경험을 온전히 녹여냈다. 행복해지고 싶고, 이제는 좀 달라지고 싶지만, 어디서부터 어떻게 시작해야 할지 모르겠다면, 파워 루틴핏으로 오늘이라는 계단을 올라보길 바란다. 한 번에 한 계단씩 천천히 행복하게 오를 수 있도록 파워 루틴 코치인 저자가 도와줄 것이다. 일상 속 사소하지만 중요한 고민들의 해답을 얻길 바라며, 이제 함께 파워 루틴핏을 시작해보자.